The Boundary
of Digital Currencies

数字货币的边界

颠覆还是渐进式变革？

张明 等（杨晓晨、王喆、陈胤默）——著

图书在版编目（CIP）数据

数字货币的边界 / 张明等 著 . —北京：东方出版社，2024.3
ISBN 978-7-5207-2772-3

Ⅰ.①数… Ⅱ.①张… Ⅲ.①数字货币—研究 Ⅳ.① F713.361.3

中国国家版本馆 CIP 数据核字（2023）第 233246 号

数字货币的边界
（SHUZI HUOBI DE BIANJIE）

作　　者：	张　明　等
责任编辑：	袁　园
出　　版：	东方出版社
发　　行：	人民东方出版传媒有限公司
地　　址：	北京市东城区朝阳门内大街 166 号
邮　　编：	100010
印　　刷：	北京联兴盛业印刷股份有限公司
版　　次：	2024 年 3 月第 1 版
印　　次：	2024 年 3 月第 1 次印刷
开　　本：	880 毫米 ×1230 毫米　1/16
印　　张：	15.25
字　　数：	156 千字
书　　号：	ISBN 978-7-5207-2772-3
定　　价：	62.00 元

发行电话：（010）85924663　85924644　85924641

版权所有，违者必究

如有印装质量问题，我社负责调换，请拨打电话：（010）85924602　85924603

序 言
PREFACE

呈现在读者眼前的这本书，反映了笔者及研究团队过去10年对数字货币的研究成果。

2013年至2015年，杨晓晨到中国社会科学院研究生院攻读MBA，我是他的导师。杨晓晨本科毕业于东南大学，硕士毕业于墨尔本大学，曾在中国普天与爱立信工作，一直都是理工科背景，对计算机通信技术非常熟悉。因此，在他攻读MBA期间，我们就决定针对数字货币展开合作研究。

《比特币：运行原理、典型特征与前景展望》是我们合作的第一篇论文，发表于《金融评论》2014年第1期。这应该是国内针对比特币基本原理与运行机制介绍得最早最细致的一篇文献。截至2023年6月5日，本文在中国知网上被下载14078次，被引用176次。有趣的是，此文在国内炒作比特币的圈子里获得了不错的反响，这大概是由于我们对比特币的分析与前瞻采取了相当中性的态度。

毕业之后，杨晓晨转行到金融领域工作。虽然从事具体实务工作，但他对理论研究依然很感兴趣。我们合作的第二篇论文《Libra：概念原理、潜在影响及其与中国版数字货币的比较》发表于《金融评论》2019年第4期。这篇论文延续了比特币论文从技术原理到应用现状再到前景展望的写作逻辑。

命运多舛。我与杨晓晨合作的第三篇论文《数字人民币：技术分析、能力边界及影响展望》，由于各种主客观因素，最终没有发表。这篇论文依然延续了我们关于比特币与Libra的写作风格，事实上构成了我们俩的"数字货币研究三部曲"。虽然论文全文未能发表，但该文缩略版以"央行数字货币：结构分析与能力展望"为题发表于英国《金融时报》中文网（2020年4月28日）。

在2020年，我与两位博士后陈胤默、王喆成立了一个数字金融研究小组。按照一贯的研究风格，我们首先通过文献综述来掌握国内外最新研究的进展及存在的问题。相关文献综述《数字金融研究国际比较与展望》发表于2021年第1期的《经济社会体制比较》之上。

这个研究小组并不仅是研究数字货币，但我们在数字货币方面，还是取得了两方面进展。一方面，我们撰写了一篇工作论文《三大数字货币的比较分析：比特币、天秤币与e-CNY》，对以比特币为代表的加密货币、以天秤币为代表的稳定币以及以数字人民币（e-CNY）为代表的央行数字货币进行了全面系统的比较分析。另一方面，我们正在研究数字货币对国际货币体系变迁可能产生的影响。在俄乌冲突爆发后美元"武器化"的背景下，央行数字货币以及基于央行数字货币的数字货币桥（mBridge），可能会为人民币国际化提供新的增量路径。

虽然说本书是对笔者及团队成员在过去10年相关努力的一

个总结，但我们对数字货币的研究并未终结，仍在探索。未来，我们很可能会形成关于数字货币的第二本著作。

自比特币（Bitcoin）在2009年横空出世以来，数字货币的迅猛发展在全球范围内引发了普遍关注。根据维基百科的定义，数字货币（Digital Currency）是指在数字计算机系统与互联网上管理、存储与交易的货币或相关资产。

Investopedia给出了数字货币的五大特点：一是数字货币只以电子形式存在，因此只能通过计算机或者手机来获得；二是典型的数字货币不需要中介机构，因此通常是最便宜的货币交易方式；三是所有的加密货币（Cryptocurrency）都是数字货币，但数字货币并不限于加密货币；四是数字货币的主要优点是能够最大便利化地实现价值转移以及降低交易成本；五是数字货币的主要缺点是价值波动剧烈且容易遭受黑客攻击。

迄今为止的数字货币主要分为三类：一是以比特币为代表的加密货币；二是以Libra或Diem为代表的稳定币（Stablecoin）；三是以中国央行数字货币（e-CNY）为代表的央行数字货币（Central Bank Digital Currency，CBDC）。

加密货币是指使用密码学原理来确保交易安全以及控制单位创造的交易媒介。比特币是最早产生且最具代表性的加密货币。比特币是全球范围内率先采用密码学算法与区块链技术来创设的数字货币，引领一时风潮。比特币具有如下典型特征：一是比特币的发行不依赖任何国家机构，实现了货币发行的去中心化；二是比特币的总量事先确定为2100万枚，且生产速度也事先确定

（该速度将会越来越慢）；三是比特币通过私钥证明其所有权，比特币账号由数字地址构成，因此具有高度匿名化的特征；四是比特币从生成到交易的全过程都被记录在主区块链中，因此具有很强的可追溯性。

与传统货币相比，比特币的最大特点在于由预先设定的算法创造且总量恒定，不由特定国家的中央银行发行。因此，任何国家不能利用比特币的发行来征收铸币税，也不能通过无限地发行比特币来换取真实资源。从理论上而言，使用比特币可以避免通货膨胀与资产价格泡沫，保证币值不被央行的超额发行所稀释。正因为如此，近年来比特币受到金融市场投资者的强力追捧，尤其是在全球流动性过剩的大背景下。自新冠疫情暴发以来，比特币价格扶摇直上，迄今为止曾两度突破每枚6万美元。

不过，比特币也面临以下三个重大挑战。挑战之一是传统货币背后都有政府征税能力的强有力支持，即有着政府信用的背书，而比特币背后没有任何信用背书，仅靠使用者的信任维持其价值。一旦使用者信心受损，比特币的价值可能会显著下跌。挑战之二是比特币总量恒定使得比特币面临"特里芬难题"。总量固定的货币无法充分满足不断扩张的经济体对流动性的需求，这会导致经济体面临通货紧缩的压力。如果通过根据经济增速定期提高比特币单位价值的方式来解决特里芬难题，又会造成市场套利空间。挑战之三是随着时间推移，比特币的产生会越来越慢，需要消耗巨量电力的专门机器进行"挖矿"才能获得。在全球都越来越重视碳减排的大背景下，为获得比特币而进行的"挖矿"

行为也面临越来越大的压力。

上述特征导致比特币价格波动巨大，所以，该货币很难成为价值尺度与交易媒介，而是沦为投资者风险偏好畸高的风险资产。从这一点来看，比特币从性质上而言很难算得上是真正的货币（真正的货币具有价值尺度、交易媒介与储藏手段三大功能），而仅仅是一种投机性很强的另类金融资产。

稳定币是一种受到储备资产支撑的、有助于维持价格稳定的数字货币。最具代表性的稳定币是美国脸书公司（Facebook，现已改名为Meta）提出的稳定币计划，其中第一代被称为天秤币（Libra），第二代被称为Diem。这两代稳定币的最大区别，在于Libra的发行是基于一系列币种构成的货币篮（其中最主要的货币是美元），而Diem则是基于美元发行的货币。

Diem的最大特点是，一方面，这种货币由Facebook这样的跨国互联网平台发行，具有丰富的应用场景支持，容易突破国界而广泛流通；另一方面，这种货币发行具有一比一美元作为储备资产支持，其信用与美元信用挂钩，既有助于保持币值稳定，也更容易为交易各方所接受。

顾名思义，央行数字货币是指由特定的国家央行发行的数字货币，用电子形式的货币代替纸币，因此数字货币与现有货币的币值是一比一。央行数字货币的最大特点之一在于它可以不通过商业银行体系作为媒介，而由央行创设并直接分配给企业或家庭。从这一角度来看，央行数字货币在一定程度上与国债相似，只不过国债是一国财政部发行的债务，而央行数字货币是央行发行的债务。央行可以通过定向发行数字货币来实现结构性政策目标（例如帮扶中小企业或中低收入家庭）。这意味着数字货币定向发行与财政政策转移支付之间具有很强的相似性。换言之，央行数字货币在一定程度上可能模糊央行与财政的界限。

当前中国央行数字货币的发展在全球范围内是比较超前的。中国央行数字货币依然采用了双层发行的传统方式，也即央行发行数字货币给商业银行，商业银行再通过各种方式将数字货币转移至家庭或企业手中。此外，当前中国央行数字货币仅仅是替代现金（M0），因此不具备货币创造功能。这是一种零售型而非批发型数字货币。在各种可能的央行数字货币形式中，中国数字货币选择了最不激进的一种路径。

如何比较加密货币、稳定币与央行数字货币这三种最典型的数字货币呢？从创造性而言，加密货币是颠覆式的货币创新，央行数字货币是最温和的货币创新，而稳定币的创新程度居于两者中间。从路径依赖与网络外部性来看，央行数字货币也是最容易为各界所接受的数字货币形式，而比特币迄今为止尚不具备真正的货币功能。一旦稳定币投入使用，由于其价值稳定性较强，且具备私人互联网平台的全球场景支持，其使用前景其实是相当可观的。

当前全球主要国家正处于数字货币的竞争浪潮中，中国央行数字货币在其中领先一步。但值得注意的是，决定一国货币国际化程度的最重要因素依然是该国的经济规模与发展程度，金融市场提供金融产品的深度、广度与流动性，以及在危机爆发后的调整能力。货币形式从纸币到数字货币的改变并不一定能促使人民币国际化显著提速。此外，一旦美国政府接受并支持稳定币方案，美元的现有实力与美国互联网巨头丰富的跨国应用场景相互叠加，倒是可能显著强化美元的全球储备货币地位。换言之，全球范围内关于数字货币的竞争才刚刚开始，中国央行数字货币的国际化依然任重道远。

中国社会科学院金融研究所副所长、国家金融与发展实验室副主任　张明

目 录
CONTENTS

第 1 章 | 数字金融研究的国际比较与展望 / 001

一、数字金融的发展轨迹 / 003

二、基于 Citespace 的国内外研究现状分析 / 006

三、三大热点领域 / 012

四、存在的问题 / 020

五、展望 / 023

第 2 章 | 比特币：运行原理、典型特征与前景展望 / 027

一、全新的货币体系 / 029

二、比特币的运行原理 / 030

三、比特币的典型特征 / 043

四、比特币的前景展望 / 067

五、结论 / 076

第 3 章 | 从 Libra 到 Diem：概念原理与潜在影响 / 077

一、回归初心的 Libra / 079

二、Libra 的基本概念、核心技术与运营模式 / 079

三、Libra 的潜在影响：不确定性远高于确定性 / 098

四、结论 / 110

第 4 章 | 数字人民币：技术分析、能力边界及影响展望 / 111

一、对数字人民币的误读 / 113

二、数字货币的通用设计思路 / 116

三、数字人民币的技术基础 / 121

四、数字人民币的潜在影响 / 133

五、结论 / 146

第 5 章 | 三大数字货币的比较分析：

比特币、天秤币与数字人民币 / 149

一、三大最具代表性的数字货币 / 151

二、全球数字货币的发展历程 / 153

三、比特币、天秤币与 e-CNY 不同的设计理念与主要特征 / 161

四、比特币、天秤币与 e-CNY 各自的局限 / 166

五、比特币、天秤币与 e-CNY 的评价与前景展望 / 175

六、结论与启示 / 183

第 6 章 | 数字货币与国际货币体系变革：

潜在机遇与路径探索 / 187

一、国际货币体系的新生机 / 189

二、当前国际货币体系的特征与缺陷 / 190

三、数字货币带来的可能机遇与作用边界 / 197

四、数字货币影响下的国际货币体系改革路径 / 205

五、数字货币与人民币国际化展望 / 209

六、结论 / 212

参考文献 / 215

第 1 章

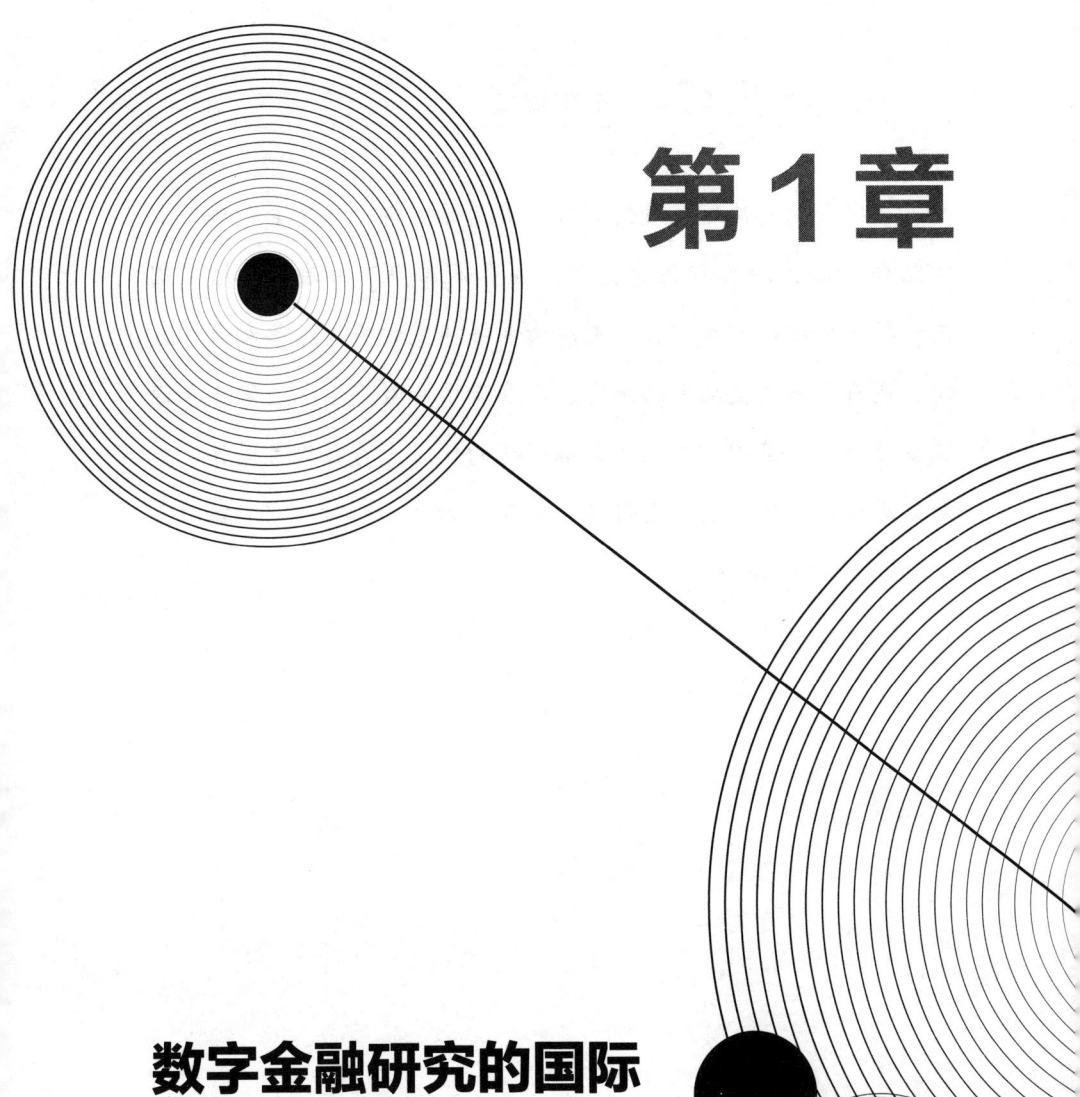

数字金融研究的国际比较与展望[①]

---

① 本章内容发表于《经济社会体制比较》2021 年第 1 期。

本章提要

数字金融的快速发展使其日益成为学者关注的重要领域。本章结合 Citespace 知识图谱分析方法和人工筛选方法，总结了国内外数字金融研究现状，以期厘清相关研究的当前脉络和未来方向。现有文献主要从网络融资、数字货币和数字金融监管三个领域展开研究，且国内外数字金融研究的侧重点存在较大差异。本章从需求端、供给端、支付端、监管端四个方面对数字金融的未来研究方向进行展望。

一、数字金融的发展轨迹

数字金融作为金融与科技紧密结合的新兴领域,其内涵在不断地发生动态变化,开始阶段侧重于具体环节和产品业务的技术创新,目前已扩展至金融行业投融资、货币支付、咨询等全方位的技术创新。

目前,数字金融这一概念尚未有统一的界定。在文献和政府文件中较多地将其称为"数字金融"、"金融科技"或"互联网金融"。中国人民银行等部委将"互联网金融"定义为"传统金融机构与互联网企业利用互联网技术和信息通信技术实现资金融通、支付、投资和信息中介服务的新型金融业务模式"[①]。金融稳定理事会将"金融科技"定义为"技术带来的金融创新,它能创造新的模式、业务、流程与产品,既包括前端产业也包含后台技术"。[②] Schueffel(2016)总结了已有文献中关于"金融科技"定义的共性,认为金融科技是一种运用技术手段改善金融活动的新兴金融产业。Gomber(2017)比较了金融科技(Fintech)、数字金融(Digital Finance)与较早期使用的电子金融(E-Finance)之间的异同。黄益平和黄卓(2018)认为"金融科技"主要突出了其技术特性,而"数字金融"在概念界

---

① 资料来源:http://www.gov.cn/zhengce/2015-12/14/content_5055119.htm。
② 资料来源:https://wiki.mbalib.com/wiki/%E9%87%91%E8%9E%8D%E7%A7%91%E6%8A%80。

定上更加中性，即传统金融机构与互联网公司利用数字技术实现融资、支付、投资和其他新型金融业务模式。由于不同的文献对概念界定并未统一，本章将主要采用黄益平和黄卓（2018）对数字金融的定义，并将数字金融、金融科技、互联网金融统称为数字金融。

从全球的历史发展来看，金融与技术的相互交织与共同演进，最早可以追溯至19世纪后期电报与电缆在金融全球化中的应用，1967年的自动柜员机（Automatic Teller Machine，ATM）被认为是现代金融科技的开端。Bettinger（1972）最早提出"金融科技"概念，结合了银行专业知识、现代管理科学和计算机技术。20世纪90年代，花旗集团的一项科技合作项目也使用了金融科技这一概念。在这一时期，金融科技发展由传统金融业主导，主要是利用信息技术推进流程电子化（Arner et al., 2015），因此也被称为"电子金融"。

2008年全球金融危机后，数字技术进步与金融监管变革共同推动金融科技进入蓬勃发展的新阶段（Zetzsche et al., 2017a），并表现出与过去完全不同的特征。在全球范围内，区块链、大数据、云计算、人工智能等数字技术广泛应用于金融业，并提升了后者的变革速度。各类非金融科技公司与新兴企业也越来越多地进入金融领域，利用自身优势直接向企业和消费者提供创新型金融产品与服务。

从中国的发展态势来看，数字金融在2010年之后迎来蓬勃发展。根据北京大学数字金融研究中心构建的数字普惠金融指数

（郭峰等，2020），2011—2022年间，中国数字金融发展呈现持续、快速的上升态势。从分项指标来看，中国数字化程度的发展快于数字普惠金融总体的发展。这表明得益于数字金融的移动化、实惠化、便利化等优势，数字金融得以快速被使用者接受。随着覆盖广度的扩大以及数字化程度的提高，数字金融在支付、信贷、保险、投资等领域的使用深度不断增加（见图1-1）。不仅如此，金融科技领域的投资也十分活跃。2016年中国针对金融科技的风险投资规模排名世界第一，并孕育了大量的独角兽公

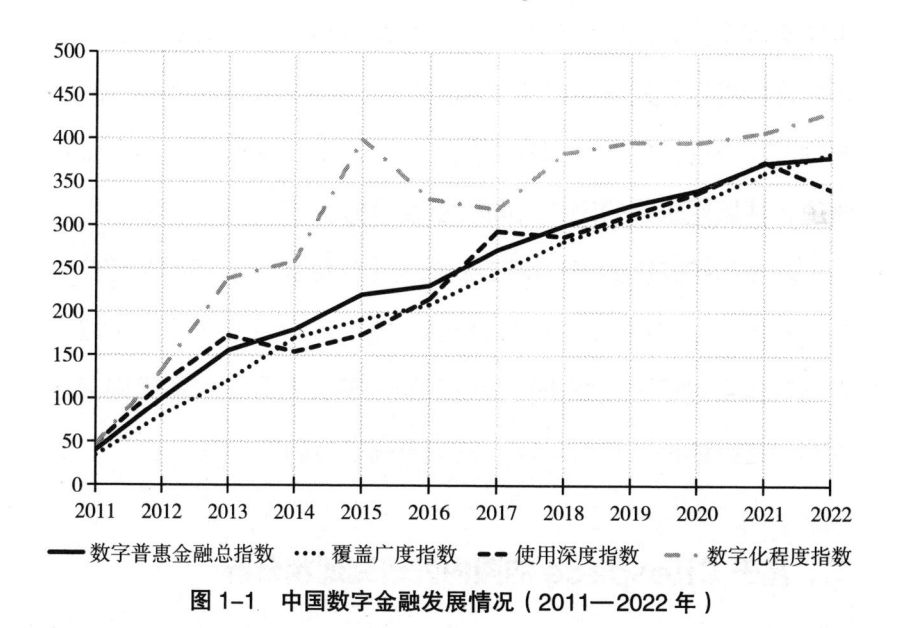

图1-1　中国数字金融发展情况（2011—2022年）

数据来源：北京大学数字金融研究中心编制的"北京大学数字普惠金融指数"，该指数最早可获得年份为2011年。数字普惠金融总指数由覆盖广度指数（度量账户覆盖率）、使用深度指数（涵盖支付使用、货基使用、信贷使用、保险使用、投资使用和信用使用等指数）和数字化程度指数（涵盖移动化、实惠化、信用化和便利化等指数）构成。

司。2016年中国金融科技类独角兽公司的数量约占全球的40%，总市值占据全球的70%以上[①]。

在数字金融发展方兴未艾的背景下，国内外学者对数字金融进行了大量研究。现有文献受制于金融科技业态发展进程和数据可得性，主要从网络融资、数字货币和数字金融监管等具体领域展开研究。但数字金融的发展趋势、特征事实、经济后果等问题才是主要应该关注的内容。目前，鲜有文献对国内外数字金融的研究进展进行系统梳理和总结。本章的主要贡献是，基于中外比较分析的视角，采用Citespace知识图谱分析方法对2013年以来关于数字金融的国内外文献进行系统梳理，通过对研究进展的可视化分析以及对研究热点主题的归纳总结，分析当前研究的主要领域与存在的问题，以期提供一个关于数字金融研究的全景式梳理，并展望未来的研究方向和发展趋势。

本章后续安排如下：第二部分通过Citespace知识图谱分析方法对数字金融研究现状进行总结；第三部分从三大热点领域出发对数字金融研究现状进行分析；第四部分对数字金融研究存在的问题进行述评；最后对数字金融研究进行前景展望。

二、基于Citespace的国内外研究现状分析

本章采用Citespace知识图谱方法对数字金融现有研究的

[①] 资料来源：麦肯锡全球研究院《中国数字经济如何引领全球新趋势》报告（2017）以及CB Insights数据库。

时间趋势、地域分布、核心作者等特征进行可视化分析，并对热点主题和重要领域的代表性文献进行梳理和述评。知识图谱分析的文献范围是国内 CSSCI 和国际 SSCI 核心期刊，筛选时间为 2013 年年初至 2020 年 4 月 15 日①。选择 2013 年作为分析起点的理由为：2004 年支付宝账户体系的创立可以算是中国数字金融的起始点，但业界通常将余额宝开张的 2013 年视为中国数字金融发展的元年（黄益平和黄卓，2018）。基于知识图谱分析，迄今为止的国内外数字金融研究具有如下特征。

（一）发文时间趋势

从 2013 年起，国内外关于数字金融的研究呈现显著的上升态势。相关研究进程可以分为两个阶段：第一个阶段是 2013 年至 2017 年，这一时期内数字金融研究处于成长期。国外数字金融发文量从 2013 年的 31 篇增长至 2017 年的 127 篇；国内发文量也从 5 篇增长至 50 篇。第二阶段是 2017 年之后，数字金融研究进入爆发期。国外数字金融发文数量 2018 年平均增长率达到 124%，国内的发文增长率也达到 71%。在 2019 年，

---

① 本章使用的软件版本为 Citespace 5.6.R3。在具体方法上，用中国知网（CNKI）和 Web of Science（WoS）对文献进行检索，设定的中文 CSSCI 检索条件关键词为"金融科技"或"数字货币"或"数字金融"或"比特币"或"P2P"或"加密货币"或"区块链"。英文 SSCI 检索条件关键词为"FinTech"或"Digital Currency"或"Digital Finance"或"Bitcoin"或"P2P"或"Cryptocurrency"或"Blockchain"。获得初始样本后，剔除重复发表、与主题不符和无作者的文献，最终筛选出 413 篇 CSSCI 论文和 1451 篇 SSCI 论文。

SSCI共发表633篇相关论文，CSSCI共发表146篇相关论文（见图1-2）。

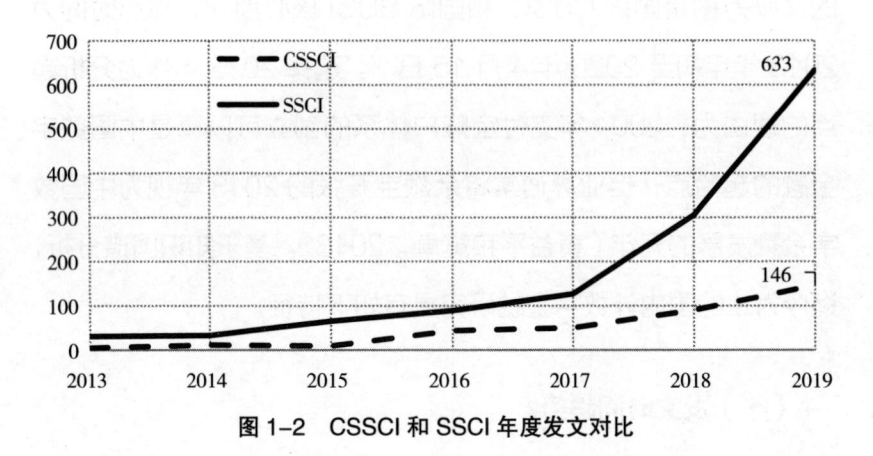

图1-2 CSSCI和SSCI年度发文对比

注：数据统计至2019年12月31日；数据来源于中国知网（CNKI）和Web of Science（WoS）。

SSCI发文数量明显多于CSSCI，可能原因之一是CSSCI期刊数量与投稿作者都比SSCI要少，可能原因之二是国外数字金融研究起步要早于国内研究。从图1-2中可以看出，国外数字金融发文量在2017年后率先迎来爆发式增长。国外数字金融研究从规模和速度上都领先于国内，这意味着未来国内的数字金融研究具有广阔的成长空间。

（二）地域分布特征

本章针对SSCI发文国家进行分析，发现目前有来自74个国家（地区）的学者对数字金融相关议题进行了研究。词频搜索排行前三的国家是美国、中国和英国。从节点中心度^①来分析，美国、英国、西班牙、法国、澳大利亚的节点中心度都大于0.1，分别为0.31、0.28、0.24、0.22、0.11，表明这五个国家中心性较高、有枢纽作用。此外，还有来自韩国、德国、加拿大和意大利的学者对数字金融进行了大量研究（表1-1）。中国学者在数字金融研究中词频较高，但节点中心度较低。虽然国内CSSCI期刊有大量关于数字金融的研究，但在国际领域的发文影响力还有待提高。

表1-1 SSCI发文国家分布表

序号	国家	词频	首次出现年份	中心度
1	美国	378	2013	0.31
2	中国	276	2013	0.06
3	英国	193	2013	0.28
4	澳大利亚	113	2013	0.11
5	西班牙	78	2013	0.24
6	韩国	75	2014	0.05
7	德国	73	2013	0.07
8	法国	71	2013	0.22
9	加拿大	62	2013	0.05
10	意大利	56	2014	0.04

注：数据统计至2020年4月15日。

① 中心度：是指其所在网络中通过该点的任意最短路径的条数，是网络中节点在整体网络中所起连接作用大小的度量，中心度大的节点相对地容易成为网络中的关键节点。

（三）核心作者和机构分析

本章根据 Citespace 的初步分析结果，结合作者影响力，从中筛选出 2013 年之后高产且具有影响力的前六位中国学者：黄益平、廖理、杨东、粟勤、姚前、胡金焱。他们分别来自北京大学国家发展研究院、清华大学、中国人民大学、对外经济贸易大学、中国人民银行科技司、山东大学等机构。国内金融科技领域的研究人员较为分散、高产，且有影响力的作者较少，合作范围较小，合作者较为固定。

比较而言，国外数字金融领域的研究人员较为集中、合作范围较广。2013 年至今在数字金融领域高产且有影响力的国际学者包括 Elie Bouri、David Roubaud、Brian Lucey、Shaen Corbet、Walid Mensi 和 Rangan Gupta 等六位学者，分别来自 Holy Spirit University of Kaslik（黎巴嫩）、Montpellier Business School（法国）、Tinity College Dublin（爱尔兰）、Dublin City University（爱尔兰）、Sultan Qaboos University（阿曼）、University of Pretoria（南非）等机构。

（四）高频关键词总结

进一步地，本章导出了在 CSSCI 和 SSCI 排名前 20 的关键词，发现国内外学者关于数字金融研究的关注点存在一定差异。在 CSSCI 中，排名前三的高频关键词为金融科技（205 次）、P2P 网络借贷（141 次）、互联网金融（131 次）。而在 SSCI

中，最高频的三个关键词为比特币（Bitcoin，369次）、区块链（Blockchain，255次）、加密货币（Cryptocurrency，241次）。通过对比CSSCI和SSCI的关键词排序，我们发现，国内学者更多关注数字金融在网络融资领域的应用，国外学者更多关注数字金融在支付领域的应用及其对市场效率的影响（见表1-2）。

表1-2 高频关键词频次表

序列	中心度	首次出现年份	关键词	频次	序列	中心度	首次出现年份	关键词	频次
	CSSCI高频关键词					SSCI高频关键词			
1	0.2	2013	金融科技	205	1	0.06	2014	Bitcoin	369
2	0.23	2013	P2P网络借贷	141	2	0.01	2017	Blockchain	255
3	0.32	2013	互联网金融	131	3	0.01	2015	Cryptocurrency	241
4	0.32	2013	P2P	112	4	0.04	2013	Model	125
5	0.09	2013	数字货币	112	5	0.03	2016	Technology	112
6	0.28	2015	区块链	108	6	0.01	2018	Inefficiency	97
7	0.24	2013	金融监管	94	7	0.1	2013	Market	96
8	0.1	2014	P2P网贷	74	8	0.01	2016	Fintech	87
9	0.1	2013	比特币	64	9	0.02	2015	Volatility	86
10	0.06	2014	网络借贷	50	10	0.1	2013	Trust	83
11	0.04	2013	区块链技术	39	11	0.06	2013	Impact	76
12	0.03	2017	监管科技	33	12	0.05	2014	Information	71
13	0.04	2016	数字金融	32	13	0.06	2016	Economics	64
14	0.02	2013	P2P借贷	30	14	0.02	2017	Return	61
15	0.08	2015	P2P网贷平台	29	15	0.01	2016	Management	60
16	0.07	2015	P2P平台	26	16	0.04	2017	Sharing economy	60

（续表）

序列	CSSCI 高频关键词				序列	SSCI 高频关键词			
	中心度	首次出现年份	关键词	频次		中心度	首次出现年份	关键词	频次
17	0.05	2013	商业银行	23	17	0.1	2013	System	60
18	0.02	2014	违约风险	22	18	0.01	2016	Gold	60
19	0.05	2016	大数据	21	19	0.04	2014	Framework	59
20	0.06	2015	信息不对称	21	20	0.05	2015	Internet	55

注：数据统计至2020年4月15日。

国内外学者的研究领域出现分化，原因可能在于中国数字金融发展有别于英美等发达国家。黄益平和黄卓（2018）指出，金融科技在英国和美国等发达国家呈现出"金融归金融、科技归科技"的发展模式，即金融科技不是作为一种新金融业态，而是作为对金融部门提供技术解决方案的辅助而存在。从支付宝、微信支付、P2P网贷平台的发展模式来看，中国数字金融发展则表现出新金融业态的趋势，尽管最终发展模式还未完全定型。

三、三大热点领域

通过关键词分析，笔者发现数字金融的研究主要集中于三大主题：一是网络融资主题，代表性关键词有互联网金融、P2P网络借贷、P2P平台等；二是数字货币主题，代表性关键词有比特币、加密货币、区块链技术等；三是数字金融监管主题，代表性关键词有监管科技、违约风险等。下文将对各主题的研究重点及代表性文献进行梳理和总结。

（一）网络融资

网络融资通过网络平台而非传统金融中介将投融资直接联系起来，既有债权融资也有股权融资，具体包括 P2P 网络借贷、小微贷款、众筹等模式。该主题对应的文献主要关注网络融资的理论机制、投融资行为和经济后果。中外学者对网络融资类型和侧重点的研究也存在一定差异。具体而言，学者的研究重点有如下三个方面：

第一，在理论机制方面，研究者主要回答"网络融资平台是什么以及如何运作"的问题，旨在明晰网络融资的概念，并对平台功能、运作机制进行经济学分析。基于实践发展的特点，国内外研究的网络融资平台类型也有区别。国外大量的研究集中于众筹模式，除债务众筹外，还包括股权、捐赠等形式。例如，Agrawal et al.（2014）和 Belleflamme et al.（2014）对众筹平台的市场发展、特征功能、定价结构等进行了较为全面的分析，并对众筹类型的选择构建了理论模型。国内研究则侧重于 P2P 网络借贷模式，谢平和邹传伟（2012）较早地对 P2P 模式的发展特点、资源配置等问题进行了介绍。

第二，在投融资行为方面，研究者主要关注投融资行为及其背后的驱动因素。从资金需求方的角度看，国内外不少文献都对网络融资是否成功以及融资成本的影响因素进行了深入分析，发现其不仅取决于种族、学历、信用状况等借款者信息（Pope和Sydnor，2011；李悦雷等，2013；王会娟和廖理，2014；廖理等，2015）、地理距离（Agrawal et al.，2011）、项目质量、信息透明度等因素（Mollick，2014；Ahlers et al.，2015），也会受到借款者外貌（Duarte et al.，2012）、文字描述（李焰等，2014）、社会资本（Lin et al.，2013）等软信息的影响。从资金供给方的角度看，由于网络融资存在明显的信息不对称，投资者的羊群行为成为研究者的主要关注点。Zhang和Liu（2012）认为投资者较为理性，会通过观察其他投资者的行为而开展主动学习。廖理等（2014）也发现，国内投资者能够较为聪明地从公开市场利率中识别背后的违约风险。

第三，在经济后果方面，研究者主要关注网络融资对市场需求和供给的影响。一方面，许多文献研究了网络融资对促进金融包容、实现普惠金融的影响。Berger和Gleisner（2009）发现，P2P等网络融资有助于降低借款者和贷款者之间的信息不对称，从而使更多的借款者以更优条件获得信贷机会。Strausz（2017）指出，众筹能对传统创业融资方式进行有益补充。国内研究则更加关注数字金融在农村低收入群体中发挥的作用（黄益平等，2018；胡金焱等，2018）。另一方面，网络融资有助于提高信贷市场供给效率，特别是深刻改变了现有金融中介结构，增强了市场竞争。许多学者研究了网络融资对商业银行生产效率（沈悦和郭品，2015）、资产负债结构（邱晗等，2018）、风险承担（郭品和沈悦，2015a）、银行竞争（孟娜娜等，2020）等方面产生的影响。尽管如此，商业银行仍然具有不可替代的优势，商业银行的数字化转型将成为新趋势。郭品和沈悦（2015b）、金洪飞等（2020）等研究了银行数字化转型的异质性特征。

（二）数字货币

数字货币具有完全电子化的特征，并通过使用加密技术来保证交易安全。根据发行主体的不同，数字货币可以分为私人数字货币和中央银行数字货币，该主题的研究也从这两个方面展开。其中，私人数字货币最早得到蓬勃发展。比特币是第一个也是目前市场规模最大、最具代表性的私人数字货币，最早由中本聪提出（Nakamoto，2008）。它将数字货币与支付系统相结合，其极具创新的运作机制和富有想象的发展空间引起了学术界的广泛讨论。

国外针对比特币进行了大量研究，而国内在这一方面的研究相对较少，且以定性分析为主。已有研究主要围绕着以下四个问题展开。

第一，比特币的设计原理和关键特征。早期研究主要回答"比特币是什么"这一问题，对比特币的密钥、区块验证、挖矿、数字钱包等技术特性进行了详细介绍，并侧重安全和法律方面的问题（Grinberg，2012；杨晓晨和张明，2014；Bonneau et al.，2015；Böhme et al.，2015）。简言之，比特币具有去中心化、安全性、匿名性、开放性等特征。

第二，比特币的市场动态和价格形成过程。大量文献关注比特币价格形成的驱动因素。研究普遍认为，比特币价格几乎不受经济基本面驱动，而是受市场供求及其固有特征的影响。进一步地，由于比特币的供给数量可以预先确定，价格变动在很大程度上取决于需求侧的比特币投资吸引力及未来使用预期（Kristoufek，2013；Ciaian et al.，2016）。比特币的价格形成过程意味着比特币市场由短期投资者、投机者主导，具有很强的波动性。在此基础上，许多研究围绕比特币市场的投机泡沫（Cheah 和 Fry，2015；Corbet et al.，2018）、高波动性（Dwyer，2015；Balcilar et al.，2017）、市场低效率（Urquhart，2016）等问题进行了深入分析。

第三，比特币的货币属性之争。自比特币出现以来，始终面临着能否成为替代性货币的争论。尽管一些学者较为乐观，但更多研究认为比特币不具备交易媒介、计价单位、价值贮藏等货币属性，因此也难以成为真正的货币（Yermack，2013；Glaser et al.，2014）。不过，比特币作为金融资产的属性得到了较多认可。Dyhrberg（2016）和 Bouri et al.（2017）的检验发现，比特币能够作为对冲不确定性的风险管理工具。

第四，比特币的缺陷与衍生代币。一些学者就比特币的去中心化设计、安全性（Meiklejohn et al.，2013）、隐私（Sasson et al.，2014）等问题提出疑问，认为比特币的广泛使用可能造成非法交易泛滥、通货膨胀和金融不稳定等问题。针对这些缺陷和问题，第一个解决方向是对比特币本身进行改造（如 Meiklejohn et al.，2013；Bonneau et al.，2015）；第二个解决方向是将基于区块链和分布式账本的代币（Altcoin）作为替代方案，如 Litecoin、Primecoin、Zerocash 等。后来，面向全球与一篮子货币挂钩的 Libra 引起各方较多关注（杨晓晨和张明，2019）。

近年来，面对私人数字货币的竞争与挑战，中央银行数字货币（Central Bank Digital Currency，以下简称 CBDC）也开始得到学术界和许多国家中央银行的广泛关注。部分国家央行已经开始研究发行 CBDC 的可行性及潜在影响，并提出了各种设想和计划，如美国的 Fedcoin、瑞典的 eKrona、加拿大的 CAD-coin。中国在这方面的尝试走在世界前列，推出了核心要素为"一币、两库、三中心"的法定数字货币方案 DCEP（姚前和汤莹玮，2017），2019 年 9 月开始进入了测试阶段。[①]

目前，有关 CBDC 的研究仍处于起步阶段，主要围绕中央银行发行 CBDC 的动因、设计方案以及潜在影响评估展开。

就动因而言，私人数字货币的竞争与冲击是直接原因，另外央行发行 CBDC 也在提高支付效率、降低交易成本、拓宽非常规货币政策工具等方面具有巨大的潜在收益（Barrdear 和 Kumhof，2016；Fung 和 Halaburda，2016）。

就设计方案而言，目前对于央行数字货币的界定和构想并不

---

① "一币"是指央行背书并发行的中国法定数字货币。"两库"是指数字货币银行库和数字货币发行库。央行数字货币的发行和流通是基于央行—商业银行—公众的双层运营体系。发行货币时，央行将数字货币发行给商业银行的数字货币银行库，商业银行向央行缴纳 100% 准备金作为数字货币发行基金，进入到央行的数字货币发行库中。"三中心"是指认证中心、登记中心和大数据分析中心。

统一。Bordo 和 Levin（2017）明确提出 CBDC 设计的基本目标，Bjerg（2017）则强调 CBDC 需要在政策目标的三难困境中进行权衡。在具体的设计方案上，需要对底层技术、可访问范围、基于 Token（令牌）还是账户、是否计息等关键特征进行选择和组合（Bech 和 Garratt，2017；Meaning et al.，2018）。

就潜在影响而言，发行 CBDC 应对其影响进行全面评估，已有研究主要关注其对宏观经济产出（Barrdear 和 Kumhof，2016）、对金融体系稳定以及对货币政策有效性的影响（Raskin 和 Yermack，2016；Bech 和 Garratt，2017；Engert 和 Fung，2017）。

（三）数字金融监管

有效的金融监管对数字金融持续创新与稳定发展至关重要。在制度层面建立健全与数字金融创新相适应的监管体系，推动监管改革已成为共识，同时也是学术界研究的热点内容。这一主题的相关研究主要围绕以下三方面展开：

第一，监管改革的必要性。一方面，数字金融的发展不仅强化了一些固有风险，相关新业态和新模式也面临新风险。许多研究关注 P2P、比特币等具体业态存在的潜在风险（Böhme et al.，2015；向虹宇等，2019）。例如，杨东（2018）以及周仲飞和李敬伟（2018）指出，金融科技创新带来了泛金融化，面临技术风险和操作风险，甚至可能引发系统性金融风险。另一方面，当前的监管体系无法跟上数字金融发展的步伐。自 2008 年全球金融危机以来，形成的现有监管体系难以适应去中介、去中心化的金融交易现状，也无法应对分散化的数字金融市场所面临的相关风险（Philippon，2016；杨东，2018；Magnuson，2018）。

第二，金融监管改革的方向和重点。对于总体监管思路，Magnuson（2018）指出，应从更加宏观、历史的视角理解金融科技作为颠覆性创新的影响，不能仅仅进行机械式、反应式的狭隘监管改革。Philippon（2016）则认为，数字金融监管应改变过去以在位者为中心的思路，更加关注新进入者。就监管目标和内容而言，现有研究普遍认为数字监管应将金融稳定、金融服务可得性、消费者保护以及维护公平竞争环境作为重点，并且在实践中注意金融稳定、金融创新与增长、竞争与消费者保护等不同监管目标间的平衡（Zetzsche et al.，2017b；黄益平和陶坤玉，2019）。

第三，监管方式创新。金融科技的发展也促进了监管方式的转变。Zetzsche et al.（2017a）主张建立智能监管框架。杨东（2018）指出，应在传统监管之外增加科技维度，形成科技驱动型监管体系。因此，发展"监管科技"（RegTech）便是金融科技与监管融合的最具代表性的发展趋势。基于数据驱动的实时监管、以监管沙盒为代表的试验性监管，以及分布式多中心监管则是具体的创新型监管方式（杨东，2018；周仲飞和李敬伟，2018）。另外，利用大数据、人工智能等技术有助于促进金融监管的标准化，进而提高金融监管效率（Treleaven，2015）。

四、存在的问题

通过对现有研究的梳理，我们发现两个主要问题，一是研究领域过于集中，二是国内外研究主题存在显著差异。

（一）现有研究选题领域过于集中

关于数字金融的现有研究主要聚焦于网络借贷、数字货币以及金融监管这三大领域，主要原因在于：

第一，金融科技与业态的结合程度不同。学术研究问题来源于实践发展。网络借贷、数字货币均是较早出现且快速发展的数字金融领域。以网络借贷为例，互联网、大数据等技术发展较早并相对成熟，其去中介化的融资机制为促进中小企业和中低收入人群的微型金融提供了新思路。英国的Zopa和美国的Prosper网络借贷平台于2005年和2006年相继出现。2008年全球金融危机后，传统金融机构融资渠道受限，进一步推动了互联网平台与金融信贷业务的深度结合。2011年后，利率市场化、金融脱媒等因素更是推动了中国P2P市场的爆炸式增长。由此催生了大量网络借贷模式的研究。相比之下，中央银行数字货币还处于试验阶段，分布式账本与证券结算等新兴数字金融业态发展仍不成熟，故而相关研究较少，且研究深度较为有限。

第二，数字金融模式的影响程度不同。对传统金融体系产生巨大影响的数字金融创新更具研究价值。网络借贷脱离金融中介开展直接融资活动，在拓宽融资渠道、提高信贷效率的同时，也促进了市场竞争，推动了传统商业银行的数字化转型。比特币等数字货币更是从根本上冲击了传统的货币供给和支付系统，促使中央银行加快开展法定数字货币的相关尝试。此外，这些新的金融业态也蕴含着诸多潜在风险，对现有金融监管体系形成了巨大挑战。因此，对现有金融业务、机构和监管产生深刻影响的数字金融领域需要相关的学术研究及时跟进并提供理论指导。

第三，数据可获得性束缚了研究领域的扩展。网络借贷平台为经验研究提供了大量的可获得信贷数据。如国外的 Prosper、Lending Club 平台，以及国内的人人贷、拍拍贷平台是研究者较多使用的数据来源。此外，比特币在区块链内交易透明的特点，以及市场价格形成和动态变化的数据逐渐积累，也为相关经验研究提供了基础。相比之下，虽然国内移动支付、第三方支付兴起并冲击了传统支付系统，但囿于数据可得性限制，目前研究仍以定性分析为主。

（二）数字金融国内外研究重点出现显著分化

从对高频关键词和研究内容的分析发现，国内外研究的侧重点有所差异。具体而言：

第一，在研究领域方面，国外文献多聚焦于数字货币，国内研究则以网络融资为主。这与国内外数字金融的发展路径和比较优势不同有关。比特币、天秤币等私人数字货币均起源于国外，区块链、分布式记账等金融科技发展较快，因此，国外在与数字货币相关的技术、法律、经济方面的研究较多。而中国对私人数字货币实行较为严格的监管，有关研究更关注其潜在风险和中央银行数字货币实施方案，较少文献涉及比特币。中国数字金融的比较优势在于广大的数字产品消费者市场及其衍生的丰富的数据资源，基于互联网和大数据的P2P网络借贷、供应链金融平台能够更容易地发挥其规模经济、范围经济、网络效应以及长尾效应优势，更有效地满足投融资需求，更准确地预测信用风险，因此国内学者多聚焦于网络融资领域。

第二，在网络融资类型方面，国外研究以众筹为重点，国内文献则侧重于P2P网络借贷。国外风险投资文化盛行，除P2P网络借贷之外，以支持特定项目和企业的股权众筹模式发展较为成熟。因此，相关研究也主要关注众筹融资行为。与国外相比，中国股权市场发展相对缓慢，债权融资在融资体系中占主导地位。因此，中国的网络融资发展仍以P2P网络借贷为主，股权众筹等模式在中国发展较为缓慢，其在法律、监管等方面也面临诸多障碍。

第三，在风险监管方面，国外数字金融监管研究的重点多关注比特币等数字货币所产生的价格泡沫、诈骗盗窃及洗钱等违法交易风险。国内研究侧重于网络借贷平台的信用违约、非法集资等风险。该差异的出现主要是国内外数字金融发展的现实差异所致。

五、展望

受限于国内外数字金融业态发展差异、研究数据可获得性等因素，现有文献多聚焦于网络融资、数字货币以及金融监管等领域。随着技术进步、新业态出现和大数据发展，未来在数字金融领域还有很多值得探讨的话题。基于上文对现有文献特征事实和主要观点的梳理和总结，下文从需求端、供给端、支付端、监管端四个方面，对数字金融未来研究方向进行展望。

第一，数字金融对需求端的影响。通过支付宝、微信支付、P2P 等网贷平台的发展可以看出，数字金融在需求端、消费端应用较为普遍。从居民角度看，数字金融是否改变了居民部门的融资模式、消费模式、投资模式、家庭理财偏好？从企业角度来看，数字金融能否缓解中小企业融资困难的问题，能否提高企业投资效率，对企业生产效率和创新能力的提升效果如何？从政府角度来看，数字金融是否改变了政府的投融资模式？从国际贸易的角度来看，数字金融是否提高了国际贸易的结算效率，能否降低汇率风险？这些都是需要探讨和解决的问题。

第二，数字金融对供给端的影响。从供给端角度看，数字金融与传统金融部门的差别与融合是未来研究的一个重要领域。数字金融是否改进和优化了传统金融部门的业务模式？这种优化是颠覆式发展还是改革式优化？数字金融发展是否挤占了传统金融部门的资源，对传统金融部门的发展是存在"挤出效应""互补效应",还是"替代效应"?此外,数字金融对货币政策传导路径的影响,也是值得研究的议题。

第三,数字金融对支付端的影响。数字金融的支付功能依然是未来研究的重点领域,特别是数字货币的开发和应用。国外学者在比特币的货币属性、比特币的定价、比特币对市场效率的影响等方面研究较多。但就中国情境而言,数字货币与传统货币在货币属性上是否存在较大区别?数字货币能否优化货币政策的传导路径?数字货币的出现增加了对货币使用的追踪和记录,这对国际收支是否有利、能否抑制资本外逃?这些都是未来值得研究的议题。

第四,数字金融对监管端的影响。从发展历程来看,中国的数字金融发展表现出自下而上的发展态势,在顶层设计方面有所欠缺。近年来,中国政府开始逐步重视数字金融在中国的发展。2020年4月14日,中国人民银行数字货币DCEP(Digital Currency Electronic Payment)在中国农业银行进行了内部测试。未来,数字金融发展将表现出从自下而上向顶层设计转变的趋势。这无疑对数字金融监管提出了新的要求。数字金融监管的边界和内容是什么?如何进行有效监管?解决上述问题的关键在于明确数字金融在中国发展的定位。在未来,数字金融仅是为金融部门提供新技术支持,还是计划将数字金融发展成为一个新的金融业态,也是值得研究的问题。

此外,数据是开展数字金融前沿领域研究的重要抓手。中国互联网与移动通信用户数量众多,具有数据优势。未来中国学者应充分利用这一优势，通过研究机构与相关企业之间的数据共享与合作，开展深入研究。最后，研究者之间应加强交流与合作，通过将相关理论与数字金融实践更好地结合，来总结中国在数字金融方面的成功模式和特色经验，并逐步提高相关研究的国际影响力。

第 2 章

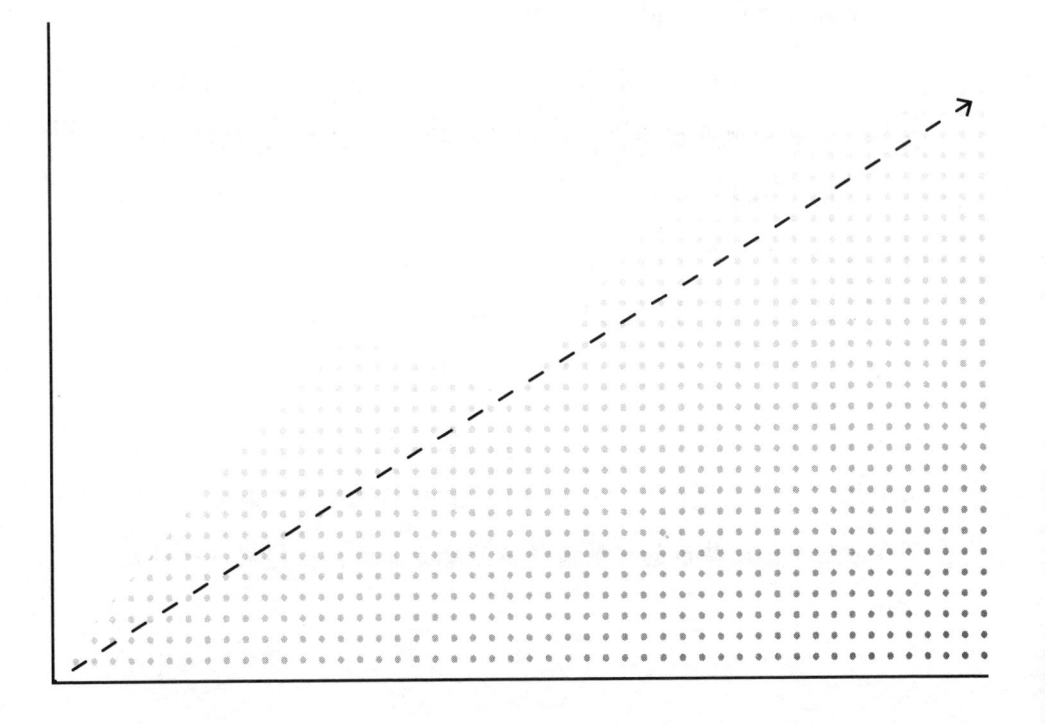

比特币：运行原理、典型特征与前景展望①

---

① 本章内容发表于《金融评论》2014 年第 1 期。

本章提要

　　本章通过对比特币运行原理的阐述，剖析比特币的典型特征，并展望了比特币的可能前景。首先，作为货币发展史上的重大革新，比特币在设计中运用的一系列创新思想和方式是值得借鉴的。它的出现是解决当前国别货币所面临的问题的积极尝试。其次，由于比特币在寻求以创新途径解决问题的同时，引入了一些难以调和且致命的新问题，导致市场对目前形式的比特币能否持续发展持怀疑态度。再次，比特币的发展前景取决于其自身能否顺利完成转型。无论是在比特币之上建立其他应用层级，还是将比特币作为全球货币体系改革的一个组件，都需要对它进行重新审视和设计。如果设计更为合理，且在实施过程中能更好地协调各方利益，比特币的发展前景虽然路途遥远，但仍然值得世人期待。

一、全新的货币体系

比特币源于中本聪（Satoshi Nakamoto）在2008年写成的一篇题为《比特币：一种点对点的电子现金系统》的论文。在此文中，作者描述了一种完全基于点对点（Point to Point，P2P）的电子现金系统，该系统使得全部支付都可以由交易双方直接进行，完全摆脱了通过第三方中介（例如商业银行）的传统支付模式，从而创造了一种全新的货币体系。

最初，比特币只是作为密码学的创新尝试在一小群极客之间传播，并没有人愿意用现有货币兑换。经过几年的发展，比特币逐渐进入大众视野，越来越多的企业和个人开始接受比特币。从2011年起，随着一系列交易市场的建立，比特币的价格开始迅速攀升。截至2023年年初，比特币的历史最高价格一度接近6.9万美元。比特币实行7×24小时的全天候交易，而且没有涨跌幅限制，以至于其价格在一天之内的浮动幅度就可以达到数千美元。2020年9月，比特币市场价格约为1万美元，但仅仅半年后的2021年3月就冲到了6万美元，半年上涨至6倍。

作为一种新兴的资产类型，比特币如此大的炒作力量和市场波动引起了国内监管机构的高度重视。中国人民银行等五部委在2013年便联合下发了《关于防范比特币风险的通知》，不承认比特币的货币属性，不允许其作为货币在市场上流通。2021年，十部委又联合下发《关于进一步防范和处置虚拟货币交易炒作风险的通知》，把虚拟货币相关业务活动认定为非法活动，彻底封堵了比特币在国内挖矿和应用的可能性。

但与此同时，以德国、日本、英国、法国为代表的一些国家对比特币却持有相对乐观的态度，并明确表态愿意接受比特币。不同国家为何对比特币持有不同态度呢？这背后的深层次原因值得探讨。

本章首先从技术角度阐明比特币的运行原理，然后对比特币进行经济学分析。由于比特币与之前任何货币相比都存在很大差异，且比特币的精华之处也恰好包含在算法设计中，因此了解其运行原理就变得十分必要。本章内容结构安排如下：第二部分介绍比特币的运行原理；第三部分从货币的定义出发，探讨比特币作为货币的优缺点，并利用相关数据进行实证分析；第四部分展望比特币的发展前景；第五部分为结论。

二、比特币的运行原理

（一）重要概念

在介绍比特币的运行原理之前，必须首先厘清以下六个重要的基本概念：散列、工作量证明、公开密钥密码体系、交易、区块与挖矿。

1. 散列（Hash）

在计算机科学中，Hash 通常被翻译为"散列"。散列函数的功能是将任意长度的不同信息（例如数字、文本或其他信息）转化为长度相等但内容不同的二进制数列（由0和1组成）。以比特币采用的SHA256算法为例，任意长度的信息输入通过这个函数都可以转换成一组长度为256的二进制数字，以便统一地存储和识别。256个0或1最多可以组合成2^{256}个不同的数，这个庞大的集合能够满足与比特币相关的任何标记需要。此外，任意两个不同的信息输入，想要通过SHA256产生相同数字输出的概率，可以说微乎其微。因为输入信息的微小变动将会导致输出数字的巨大变化。这就保证了输入信息与输出数字的一一对应。散列还有一个重要特征，即想要通过输出数字来反推输入信息是极其困难的。因此，如果想要生成一个特殊的输出数字，就只能通过随机尝试的办法逐个进行正向运算，而不能由输出结果逆向推出输入信息。这个特征是比特币能够顺利运行的重要基石。

2. 工作量证明（Proof-of-Work）

倾注了更多更复杂劳动的事物具有更高的价值，这是比特币运行的逻辑基础。我们以防范垃圾邮件为例来说明什么是工作量证明。不妨做出如下假定，即如果一个人愿意花10分钟写一封邮件，他就不会在意多花1分钟对其进行处理，以证明自己写邮件付出的努力是真实的。而对垃圾邮件的传播者而言，每封邮件都要多花1分钟才能发送，这是完全不能接受的。因此，可以设立这样一条规则，在每次发送邮件之前算出一个随机数，且将这个随机数和邮件内容一起输入SHA256散列函数时，得到的256位二进制数的前十位均为0。如前所述，我们无法预先选择一个前十位为 0 的数，并利用 SHA256 算法反推出这个随机数是什么。唯一可行的办法只能是随机抽取一个数，将其和邮件内容放入 SHA256 中进行计算，看结果是否满足要求。如果不满足，就换一个随机数继续进行尝试，直到要求满足为止。只要我们设定的要求足够简单（要求全为 0 的个数不太多），那么寻找这个随机数的过程也就比较简单，只不过要花去一定的时间（例如几秒或几分钟）。对于真实的邮件而言，为了证明自身价值，付出少量时间进行计算是值得的；但对于垃圾邮件而言，这将导致邮件发送者的时间成本大幅上升。因此，上述机制的引入将会显著减少垃圾邮件的产生。对比特币而言，挖矿（Mining）也是使用随机数进行工作量证明的过程。这种过程虽然从表面上来看没有产生任何价值，却是解决互联网中信任问题的有效办法，是在不可靠的网络环境中一种较为可靠的信用证明。

作为比较，我们可以讨论另一种共识机制——权益证明（Proof-of-Stake）。权益证明取得共识的过程无须浪费大量算力去解密一个没有实际意义的数字，而是以持币多寡作为一种权益或股权。持有的币越多，时间越长，权益就越大，就有越大的概率被选中作为下一个区块的提供者。被选中后，权益就被使用且清零。当然，持有的币并未消失，而是需要重新按照时间累积权益。

两种共识机制的本质都是要解决在网络若干节点都能提供下一个区块的情况下，"谁说了算"的问题。一种是通过猜谜游戏来让大家解答，投入越多算力的参与方就有越大的概率能够尽早得到答案；另一种则认为参与方持币越多且时间越长是其权威性更强的证明，无须投入大量算力即可选中胜出者。二者各有优势，也都有无法解决的问题，具体内容将在下文详细讨论。

3. 公开密钥密码体系

该体系简称公钥体系。在信息传递过程中，发送方通过一把密钥将信息加密，接收方在收到信息后，再通过配对的另一把密钥对信息进行解密，这就保证了信息传递过程的私密性与安全性。而密钥无非是一组数字，通过将原始信息与这组数字放在一起进行特定运算，就能够把信息转换为另外一种格式，从而实现加密。解密过程则刚好相反。在大多数情况下，一组密钥由公钥和私钥组成。私钥由自己保存，公钥则需要向其他人公开。在信息传递过程中，公钥和私钥相互配合，既能够对持有私钥的发信人进行身份验证，也能够确保发信人对自己发出的信息不能抵赖，还能够保证收发信息的完整性、防止中间环节被截获篡改。如果公钥丢失，还可以通过私钥进行恢复。但试图通过公钥反推私钥，从理论上讲是基本不可行的，这就保证了私钥的私密性。

4. 交易（Transactions）

交易是指一个用户用比特币向另一个用户进行支付的过程。不过，比特币的交易并非简单的支付货币本身。以图 2-1 中的交易 1 为例，如果 B 想支付 100 个比特币（100BTC）给 C，那么 B 不仅需要在交易单上注明金额，而且需要注明这 100 个比特币的来源。如图 2-1 所示，B 的 100BTC 其实来自 A，是 B 通过交易 0 得到的（交易 0 已经通过了全网用户的认证，保存在所有用户的电脑中）。为完成交易 1，B 需要在交易单上填写的信息包括：一是 100BTC 的来源，此处为交易单 0 的 ID；二是 C 的公钥，也即 C 的比特币收款地址；三是将交易单 0 的内容和 C 的公钥输入散列函数，得到一串数字，B 用自己的私钥加密这串数字，作为数字签名放在交易单 1 中。C 在收到交易单 1 之后，可以通过其中存放的 ID 找到交易单 0，并获取 B 的公钥。C 可以使用该公钥对交易单 1 中的数字签名进行解密。与此同时，C 可以把自己的公钥和交易单 0 的内容，按照同样的方式输入散列函数，并将得到的数字与数字签名解密的结果进行比对。如果比

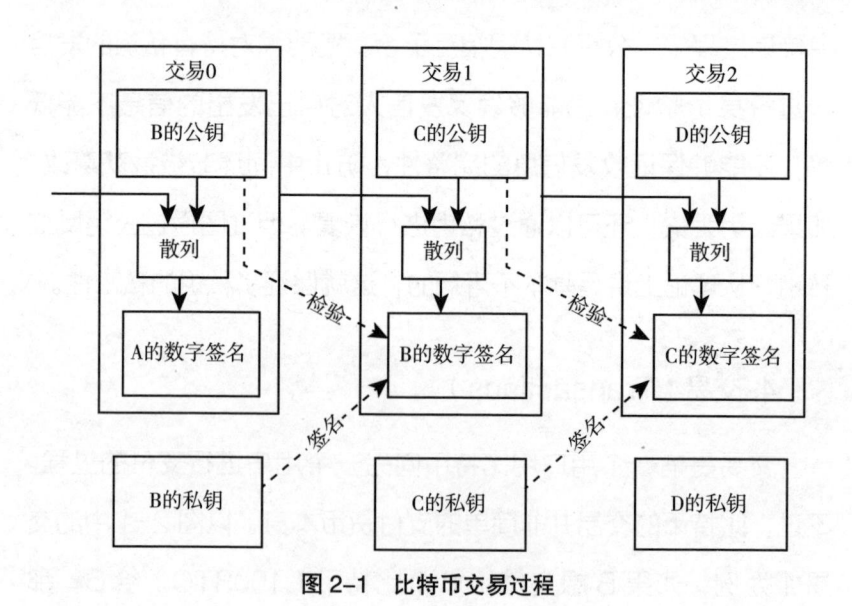

图 2-1 比特币交易过程

资料来源：Nakamoto（2008），笔者进行了一定修改。

对成功，就可以确定如下两个事实：其一，100BTC 的来源属实，因为交易单 0 中包含了 A 的签名，且交易单 0 是经过全网认证过的，即 A 确实将 100BTC 给了 B；其二，交易 1 的确是经由 B 签署的，由于 B 的私钥是唯一的，他无法抵赖这单交易。

上述过程略显复杂。我们可以换一种不太精确但更容易理解的解释（姚勇，2013）。依然以图 2-1 标注为例，交易单 1 中其实包含以下六种信息：一是交易单 1 的 ID；二是资金的来源，即交易单 0 的 ID；三是 A 对资金的签名，以证明是他把 100BTC 给 B 的；四是资金的去向，即 C 的账号（公钥）；五是资金的数额，即 100 BTC；六是 B 的签名（即 B 用自己私钥进行的数字签名），以证明是他自己签发的交易。由于每笔交易单都记录了该笔资金的前一个拥有者、当前拥有者以及后一个拥有者，我们就可以依据交易单实现对资金的全程追溯。这也是比特币的典型特征之一。最后，当每一笔交易完成时，系统都会向全网进行广播，告诉所有用户这笔交易已经实施。

5. 区块（Block）

交易和区块的关系，就如同水和瓶子，属于内容和容器的关系。由于每笔交易是相对分散的，为了更好地统计交易，比特币系统创造了区块这一概念。每个区块均包含以下三种要素：一是本区块的 ID（散列）；二是若干交易单；三是前一个区块的 ID（散列）。比特币系统大约每十分钟创建一个区块，其中包含了这段时间里全球范围内发生的所有交易。每个区块中也包含了前一个区块的 ID，这种设计使得每个区块都能找到前一个节点，如此可一直倒推至起始节点，从而形成了一条完整的交易链条（图 2-2）。因此，从比特币诞生之日起，全网就形成一条唯一的主区块链（Block Chain），其中记录了从比特币诞生以来的所有交易，并以每十分钟新增一个节点的速度无限扩展。这条主区块链在每添加一个节点后，都会向全网广播，从而使得每台参与比特币交易的电脑上都有一份拷贝。在现实世界里，每笔非现金交易都由银行系统进行记录，所以一旦银行数据中心崩溃，所有数据都会遗失。而在互联网世界里，比特币的所有交易记录都保存在全球无数台计算机中，只要全球有一台装有比特币程序的计算机还能工作，这条主区块链就可以被完整地读取。如此高度分散化的交易信息存储，使得比特币主区块链完全遗失的可能性变得微乎其微。

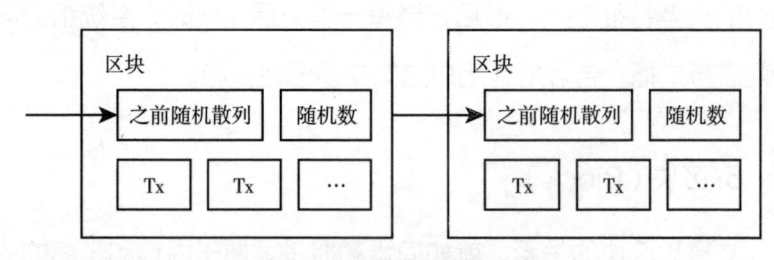

图 2-2　区块链的局部结构

资料来源：Nakamoto（2008）。

6. 挖矿（Mining）

如前所述，比特币的所有交易记录都保存在主区块链中。每十分钟就会有一个新区块生成并加入主区块链，这个新区块中记录了十分钟内全网的所有交易。由于比特币使用的是 P2P 模式，这意味着网络上的每个节点都是平等的，没有一个中心节点可以用来承担交易记录工作。因此，如此重要的交易记录任务交给谁来完成，就变成一个现实问题。而比特币创始人中本聪给出的答案居然是任何人来完成都可以。由于每笔交易完成后都会被广播给全网，因此每个人在对交易的有效性进行验证后，都可以根据这些交易数据生成新区块。但这又引发了一个新问题，即如何让所有人都信任由一个陌生人生成的新区块？这个新区块中是否记录了虚假交易或重复交易？

要解决这个问题，就要用到前文提到的工作量证明概念。基本思路是，寻找一个随机数，使这个数字与新区块的交易信息一起输入 SHA256 后产生的数字，前面 n 位（比如 n=100）都是 0，或者说这个随机数需要小于一个事先规定好的数字。此项工作的意义在于，由于将会耗费很多时间，如果一个人进行了这项计算且获得成功，那么他提供的区块很可能是真实可信的，因为花费如此大力气作假得到的好处，远远不及花费同样努力从事真实工作得到的好处。此外，其他所有节点在接收到新区块时，也会对其中包含交易的有效性进行校验，这意味着虚假交易或重复交易很难骗过其他所有用户，这就形成了节点之间的信用保障机制。

挖矿就是指产生新区块并计算随机数的过程。具体过程可分为以下六步：第一步，由于网络上的每台计算机都保存了之前的主区块链，某台计算机以其中最后一个区块的内容为起点，计算一个散列值；第二步，该计算机在接收广播来的交易单并逐笔校验交易的准确性之后，把没有被列入之前区块的那些交易进行组合，并生成一个新区块；第三步，该计算机任意猜一个随机数，其大小和长度没有限制；第四步，该计算机将第一步至第三步产生的数据一起放到SHA256散列函数中，计算得到一个长度为256的二进制数；第五步，检查这个二进制数的前n位是否符合要求；第六步，如果该二进制数符合要求，则本轮游戏结束，该计算机会把新区块连同这个幸运随机数一起广播给网络上的其他计算机。其他人在收到这个新区块后，会以同样的方式进行校验。如果结果无误，全网就接受这个新区块，将它连同之前的主区块链一起保存。如果产生的随机数不合要求，则会重复第二步至第六步，直到自己成功或者收到别人发来的新区块（姚勇，2013）。

从上述流程中可以看出，挖矿就是指搜集交易数据并建立新区块的过程。这个过程虽然重要，却耗时费力，为什么所有参与者还都趋之若鹜呢？最重要的原因在于，比特币系统规定，每个成功建立新区块的人都将获得50个新比特币的奖励，且该奖励将被记录在对应的新区块里。这50个新比特币是系统自动产生的，且得到全网的认可。有趣的是，这种奖励的数额每四年减半，即2009年至2012年为每区块50个比特币、2013年至2016年为每区块25个比特币、2017年至2020年为每区块12.5个比特币，如此递推。最终，全系统的比特币数量将达到2100万个的上限，至此不再增加。为保证主区块链能够持续不断增长以确保比特币交易的正常进行，每个创建新区块的人还可以从新区块包含的交易中抽取一定的"交易费"。这种新的激励机制将保证比特币交易得以延续。

（二）运行原理

在上述概念的基础上，我们就可以介绍比特币的运行原理了。作为一种脱离实物交接的货币形式，比特币需要解决如下几个基本问题：首先，谁来发行比特币并对其进行信用背书；其次，如何建立账户并进行管理；再次，比特币交易如何确认。

1. 发行和信用背书

与美元等国别信用货币不同，没有中央银行负责比特币的发行，也没有政府为其提供信用背书。比特币的发行是通过挖矿来完成的。每一次有效挖矿都将产生新的比特币，直至达到数量上限。比特币的信用，则源自所有参与比特币挖矿和交易的用户所付出的大量计算，以及由此消耗的时间和电力等成本。人们为此投入的劳动越多，就意味着对比特币的认可程度越高。比特币系统是一种互联网环境下的新型信用体系，它既不需要任何历史信用记录，也不需要任何机构或个人提供信用担保。换言之，比特币主要依靠理论和技术的双重保障来保证其信用。一方面，人是理性的，在诚实劳动的性价比远高于欺骗时，没有人会花费力气进行欺骗。另一方面，比特币的特征决定了欺骗是极其困难的。要成功进行欺骗，不仅需要经受其他所有用户的检验，也需要具有高于全网总计算能力51%的计算设备。以目前比特币全网累积的计算能力来看，单一参与方达到这一要求近乎天方夜谭。随着越来越多的新增计算力加入，在比特币的世界里，欺骗的难度将变得越来越大。

2. 账户管理

账户管理涉及账户的建立、查询和安全保障，比特币也不例外。对比特币而言，建立账户就是生成一个地址。比特币的账户、地址和公钥等概念是基本重合的。账户就是一个地址（一串数字），相当于银行账户的户名，这当然是公开的。地址是由公钥通过一系列数学计算推导出来的，因此地址仅仅是公钥的另一种形式。有了地址，就可以查询比特币账户的余额。

虽然地址类似于银行账户名，但与银行账户不同，该地址的余额并没有特意记录在某个地方。如前文所述，每一枚比特币自诞生之日起的所有交易路径都是可追溯的，都被记录在主区块链中。因此，每个账户的余额都可以通过对主区块链进行计算得到，而不需要单独记录。这种设计看似麻烦，但有着明显的优势。首先，每个使用者可以拥有的账户数量是没有限制的。随着比特币使用者的不断增多，账户数量也与日俱增，为每个账户单独保存余额是对存储空间的极大浪费。其次，对比特币而言，没有中央节点来保存并管理余额信息，想要保存余额信息，就必须将其合并写入到区块中，否则，全网节点在对新生成区块的有效性进行检验时，就不仅需要对新的交易进行检验，还需要对全网所有账户的余额进行追溯检验，这无疑会显著增加工作量。在传统银行里，储户不能仅仅通过户名就对账户余额进行查询。然而，比特币世界允许上述操作，也即任何人都可以通过计算主区块链而查询任何账户的余额。比特币账号是完全匿名的，且每个人可以有多个账号，这就保证了比特币拥有者的个人信息不可能通过分析账号来获得。因此，即使将余额信息完全公开，也不会泄露拥有者的个人隐私。

比特币账户的安全管理与传统银行系统完全不同。比特币的所有公开信息（例如交易与公钥）都保存在主区块链中，而主区块链在所有运行比特币软件的计算机上都有完整备份，因此其安全管理的关键在于用户私钥的管理。私钥与公钥一样，都是一长串无规律的数字，很难记忆。而且，私钥是独立存在的，不能被公钥或其他方式反推出来。由于私钥是用户对账户所有权的唯一证明，因此用户每次使用账户时都需要使用私钥。为方便起见，很多用户通常选择将私钥放在文件中或网络钱包中保存，这就使得私钥文件面临着被窃取的风险。而一旦私钥遗失或失窃，就意味着比特币账户的彻底丢失。为防范上述风险，可使用"纸钱包""脑钱包"等方法。所谓纸钱包，因为私钥只是一串数字，完全可以通过写在纸上或打印出来的方式进行保存，这种原始的办法在互联网时代反而是一种非常有效的方式。脑钱包的工作原理与纸钱包完全不同。用脑钱包生成私钥时，我们将一句话或一幅图片输入特定函数中，就可得到私钥，且这一过程可以反复进行。因此，脑钱包就把记忆私钥的负担转化为记忆一句话或一幅图片，从而显著降低了记忆的难度。即便这句话或这幅图片不慎被公开，他人也很难猜测其真实用途。

3. 交易确认

传统银行账户间的交易是由银行负责确认的，通常在几秒钟内就可以完成。但对比特币而言，任何交易都需要得到全网的确认，而且必须最终进入主区块链才能生效。在挖矿过程中，每个节点在收到其他节点发过来的交易后都要进行验证，验证失败的交易被直接丢弃，而有效交易则会进入区块。由于全网在挖矿过程中可能在同一时段生成很多有效区块，且由于网络时延的存在，不同地理位置的节点产生的有效区块可能包含不同的交易集合。因此最终哪个区块能够成为当前时段的正式区块并进入主区块链，就成为一个问题。

如果一个节点收到了周边节点发来的两个不同的有效区块，它会将它们都挂在主区块链的最后，形成一个Y形分叉。后续收到的区块都会基于这两个区块产生，这使得分叉会继续向后延伸。最终，哪个分叉的长度最先达到要求，就会正式变成主区块链的一部分，而另一条分叉则会被抛弃。由此可见，一个交易从发生到最终确认，需要等待一段时间。通常来讲，在包含这个交易的区块出现之后，还需要等待5至6个后续区块生成后，才能确认当前区块是否已经正式进入了主区块链。由于每个区块的生成时间大约为十分钟，这意味着一个交易在发生之后，需要等待较长时间才能够得到确认。这既是比特币自身的一大缺陷，也是

P2P 这种全民投票形式难以克服的弊端。

三、比特币的典型特征

（一）比特币的货币性质

我们将从交易媒介、计价单位与储藏手段这三个层面来分析比特币的货币性质。

货币的最基本功能是充当产品或服务的交易媒介。米什金（2011）指出，某种商品要想充当交易媒介，就必须满足以下要求：一是易于标准化；二是必须被普遍接受；三是易于分割，也即容易找零；四是易于携带；五是不会很快腐化变质。不难看出，比特币能够很好地满足了上述要求。第一，比特币高度标准化，它仅仅是存在于互联网中的数字，不存在种类和品质的差别。第二，尽管比特币目前还没有被全球普遍接受，但比特币在问世四年左右，就受到全球范围内的高度关注，以及美国、德国、印度、爱尔兰等国家在不同程度上的认可。第三，目前比特币的最小单位是 0.00000001BTC，几乎没有其他货币可以做到如此精确的分割。事实上，上述最小单位取决于目前的数据结构。随着比特币价值的上升，这一数据结构可以进一步扩展以满足更小的分割需求。另外，由于比特币的非实物性，人们在支付时可以直接支付小数金额，而无须找零。第四，比特币非常便于携带。使用者只需保存好个人私钥，就可以在任意一台装有比特币软件的计算机或终端上使用，用户体验类似于使用密码登录网上银行。第五，比特币仅仅是网络上的数字，既不会损耗，也不会变质。

从计价单位的角度来看，尽管目前接受比特币交易的商品种类还相当有限，但由于比特币与现有主要货币之间都存在交易市场与连续报价机制，因此其他货币的计价功能可以间接传导给比特币。

比特币是否能够充当储藏手段，取决于人们能否长期接受比特币。目前比特币具有一定的价值储藏功能，即人们可以把当前获取的收入以比特币的形式保存起来，并留到未来进行消费。然而，如果比特币的价值过度波动的话，就可能严重损害其价值储藏功能。

综上所述，虽然比特币在较大程度上符合货币的特性，但比特币能否充当货币的关键在于人们是否愿意持续使用比特币进行交易。这又取决于比特币与现行货币相比，是否有更具吸引力的独特优势。

（二）比特币的典型特征

比特币在设计理念上试图避免现有货币的诸多缺陷，这也是它备受关注的原因。但比特币的这些特征也引发了一系列全新问题。我们将逐一分析比特币的典型特征。

第一，比特币成功地实现了去中心化的货币发行与管理方式。现有货币基本上由央行发行，由一国政府用财政实力担保，这种货币发行与管理方式存在如下缺陷：其一，难免存在多种国别货币，各种货币之间通过外汇市场进行兑换，显著提高了国际贸易与投资的交易成本；其二，一旦出现一国政权动荡等意外事件，该国政府发行的货币就会面临巨大的信任危机；第三，货币发行的中心化难免会产生特权，货币当局能够轻松征收铸币税，这可能引发货币当局短视自利的机会主义行为。相比之下，比特币在设计之时就致力于去中心化。为解决信用问题，一方面，比特币使用了一套密码学算法，使得参与比特币主区块链构建的所有用户都必须付出足够多的努力才能证明其信用；另一方面，比特币产生过程受到全网的监督，想要骗过全网所有其他用户，需要巨大的计算能力，这从技术上而言并不现实。换言之，比特币成功地利用密码学手段，解决了货币在去中心化发行时面临的信任问题，从而使得比特币的发行不需要依赖任何政府或机构，并且与互联网的去中心化特点高度吻合。

第二，比特币是一种高度匿名化的货币。其匿名性主要体现在三个方面：其一，比特币账号仅仅是一串数字地址，通过它无法得知拥有者的任何信息；其二，比特币账号的生成过程无须任何实名认证，账号拥有者只能通过私钥证明其所有权；其三，同一拥有者的不同账号之间没有任何关联，这意味着其他人无法得知特定用户的全部比特币持有量。然而，比特币的匿名性也是一把双刃剑：它虽然通过技术手段保障了个人财产的私密性，但也为洗钱、贩毒、非法军火交易等提供了天然的温床。此外，匿名性的另一个潜在问题是会削弱政府的征税能力。当前全球税收体系主要依靠监控银行账户变动来防止逃税，这是一种基于账户实名制的有效办法。一旦资金流动完全匿名化，征税难度将会显著上升。

第三，比特币交易具有完整的可追溯性。对任何一枚比特币而言，其从被挖矿生成到当前所经历的全部状态，都被完整地记录在主区块链中。任何一个账户的全部交易也可以被全程追溯。最为重要的是，追溯过程并不需要认证，任何人都可以对任何账号进行查询。这有助于实现全网的互相监督，以保障公平透明的市场秩序。

第四，比特币交易具有不可逆性。每笔交易只有成功和失败两种状态，不允许撤销操作。这种设计的初衷是为了防止付款方利用撤销操作来侵害收款方利益，以及防止退款时因需要重新建立信任关系而额外收集个人信息。针对比特币的不可逆性，存在两种截然相反的看法。支持者认为这种设计可以有效地防范信用风险，而反对者认为人难免后悔或犯错，因此不可逆性会降低比特币被广泛接受的程度。

第五，比特币的最终总量与生产速度都是事先确定的。如前所述，比特币的生产速度每4年减半，并将在最终达到2100万个的总量。支持者认为，这种货币发行模式可以防止滥发货币以维护币值稳定。反对者的批评则包括：其一，比特币的发行速度逐渐下降且不可调整，这将导致持续的且不断强化的通缩压力；其二，比特币增长速度的下降会形成稳定的升值预期，从而导致人们倾向于持有比特币而不是用其进行交易，这会使得比特币的交易数量日益减少、货币的流动性不断下降；其三，比特币可能会加剧社会分配失衡。因此，总量固定和增速递减对比特币而言既是突出的优势也是致命的弱点。但以上讨论的潜在基础是将比特币作为流通货币，才会产生诸如通缩和流动性的问题。如果我们不将其视为货币，而仅仅是一种资产，那么其总量确定和生产速度减半问题所造成的负面影响就能得到较大程度的缓解。

第六，在传统的融资思路下，比特币面临较大的融资难题。无论是直接融资还是间接融资，均需要以借款人的身份和信用信息作为风险评价依据。但对比特币而言，搜集用户信息与其设计理念是相违背的。此外，为降低搜寻交易对象与撮合交易的成本，借贷双方需要依赖银行或债券市场之类的中介机构，这就必然导致中心节点的出现，而中心节点与比特币的设计理念也是不相符的。这意味着尽管比特币融资在技术上是可行的，但会破坏比特币的设计初衷。因此融资问题在比特币领域将会以新的形式体现，我们将在下文中详细论述。

第七，比特币既不存在货币乘数，也无货币政策可言。既然无法利用比特币融资，就意味着比特币没有其他货币均拥有的货币乘数。这固然有助于控制通胀，但也导致比特币难以满足市场的流动性需求。此外，比特币也不存在货币政策的概念。比特币的发行无需政府，这从技术上限制了政府可能对其进行的干预。鉴于比特币的特殊性，基准利率、准备金率与公开市场操作等传统货币政策工具对其而言均是无效的。比特币的这一特征虽然能够避免过度的宏观政策波动，但也排除了通过货币政策进行宏观调控的可能性。当然，如果我们不用"货币"而以"资产"视角来看待比特币的话，那它也就不存在货币乘数和货币政策的相关问题了。

第八，比特币是天然的全球性资产。比特币既没有国界，也无须兑换。比特币作为全球性资产，积极的一面在于其助于降低国际贸易与资本流动的交易成本，而消极的一面可能加剧局部危机的传染、放大全球系统性风险。

（三）比特币发展过程中的焦点问题

1. 分叉问题

所谓分叉问题，是指在区块链不断累加的过程中出现的分支链条的情况。传统的银行系统是以数据库的方式存储账户和交易记录的，数据存储并非一种"链式"结构，因此也就不存在分叉问题。

分叉产生的原因主要源于网络延迟。在理想的网络条件下，每一笔交易都会即时发送到全网所有节点，因此每一节点将面对同样的信息，及时看到其他所有节点对区块链的更新，并在此基础上继续生成下一个区块，所以不太容易产生分叉问题。但在实际的网络中，一个新区块产生之后可能需要很长时间才能到达远端节点，因此不同的节点看到的区块链并不相同。一个新区块 A 在某节点产生，远端节点不能及时知晓的话就会依然在原有区块的基础上继续挖矿，并产生另一个新区块 B。当 A 到达这个远端节点时，就跟 B 产生了冲突。到底谁才是原链条的合法延续？这就产生了分叉。

作为共识机制的规则之一，网络上的全部节点都只会往自己看到的最长的链条上累加区块，而忽略掉相对较短的分支。比如，如果全网 2/3 的节点都是先看到上述 A 区块，剩下 1/3 节点是先看到 B 区块，那么 2/3 的节点就会基于 A 区块继续工作，产生了支链 X。另外 1/3 节点则会基于 B 区块继续累加支链 Y。但因为算力的差距，支链 X 增长的速度会显著大于 Y，链条会更长，最终整个网络会把 Y 分支抛弃掉，从而解决掉分叉问题。

但此时分叉问题产生的影响已经显现，不同支链上的区块可能包含了完全不同的交易记录。比如，支链 X 上包含了交易 a，但不包含交易 b，而支链 Y 中包含交易 b。当 Y 被全网抛弃时，交易 a 得以最终确认，但交易 b 也就随之被废弃，导致交易作废。如果这时 b 的交易双方已经完成了商品或服务交割，那就会带来损失。由于通过网络延迟产生的分叉通常不会持续很久，因此为避免损失，交易双方可以在交易上链之后等待若干个新区块生成后，再进行商品或服务交割。

不难看出，对使用比特币的交易双方来说，克服分叉问题最简单有效的办法就是多等待几个区块产生，确认含有交易的区块已经成功成为主链的一部分。但这就带来一种实质性的交易障碍：等待时间过长。从便利交易的角度来看，等待交易确认的时间当然是越短越好，也就意味着两个相邻区块产生的时间间隔越短越好。但缩短区块产生的时间也同时增大了上述因网络迟延而产生分叉的可能性，为了避免分叉带来交易无效的问题，反过来就需要增加等待时间。换言之，在提高区块的生成率和降低区块链的分叉率之间存在相互掣肘的情形，但二者又同时指向一个相同的结果，即交易确认时间被延长（Hinzen et al., 2021）。这意味着提高比特币交易效率的措施最终反而会降低交易效率，这一吊诡的逻辑是比特币作为货币用于日常交易的显著障碍。

2. 双重支付（双花）问题

双重支付（双花）问题（Double-Spending Problem）是指一笔资金在支付后并没有发生实际转移，而是留在使用者手中，可以继续参与支付的情况。在这种情况下，使用者获得了商品或服务，却并未实际付费，就给商品或服务提供方带来了损失。当使用纸币支付时，由于纸币实体的唯一性，只要发生支付就必然带来资金的实际转移。除非支付方事后把纸币偷回，否则整个过程就不存在双重支付的问题。当使用银行系统进行支付时，中心化的银行系统可以确保支付后资金从支付方账户转移到被支付方，并产生支付确认消息。支付过程可能因网络不畅等问题造成支付不成功时，就不能产生支付确认消息，但在已经收到确认消息的情况下，没有发生资金转移的状况几乎不可能出现。简言之，无论纸币还是银行系统，双重支付的问题都较容易解决，故而不成为一个值得关注的问题。但在比特币等分布式系统中，双重支付就变成一项需要特别注意的事情。造成这种问题可能是无心之失，也可能是有意为之。

无心之失可由很多情况造成。比如比特币约定每十分钟产生一个新区块，在十分钟之内如果同一付款方发生多笔交易，那理论上就可以进行双重支付。再比如网络延迟使得区块链产生了上述分叉情形，那么如果一笔交易只存在于其中一个分支，而最后这个分支被废弃的话，那这笔交易也就相应取消，持币者可以再次使用这些比特币。要防止由于交易确认时间较长而产生的双重支付问题，交易双方需要多等待一些时间，等待一些新区块生成之后再进行商品和服务的交付。

当然，双重支付也可有意为之。其核心逻辑就是阻止含有特定交易的区块进入主链。想达到这个目的，要么阻止交易进入区块，要么阻止区块进入主链。通常来说，支付方无法切断网络链接以阻碍交易到达其他节点，那么就只能阻止含有交易的区块成为主链的一部分。实施思路就是在包含交易的区块进入之前让主链分叉为 X 和 Y，让该区块仅进入其中一个分叉 X，之后集中算力让 Y 分叉的增长速度大于 X，这样经过一段时间后，Y 成为主链，X 遭到淘汰，从而使得交易作废。

不难看出，实施上述计划的核心在于需要拥有能决定两条支链增速的强大算力。这也是中本聪在设计比特币时所重点考虑的问题。全网算力越大，具备操控支链能力所耗费的资源也就越多，为了双重支付耗费如此多的资源，可能还不如老老实实挖矿获得的收益大，因此也就从逻辑上削弱了恶意双重支付的动机。当然，如果涉及金额足够大，这种恶意攻击的可能性依然存在。而且如果进一步思考，支付者只需要使 Y 分叉比 X 分叉多一个区块，就可以让网络上的其他节点认定 Y 是最长链，从而只在 Y 上新增区块。只多一个区块的话，支付者就不需要绝对的算力优势，依靠一些技巧和运气也可以实现。所以，中本聪的设计并非无懈可击，实际交易过程中依然需要较长的等待时间才较为稳妥。我们会在下文中专门讨论针对比特币的各类攻击问题。

此外，虽然同为区块链，但在防止双重支付的逻辑方面权益证明（POS）系统与工作量证明（POW）系统并不相同。权益证明系统根据持币数量和时间决定下一个区块由谁产生，因此攻击者要做的并不是累积算力，而是累积持币量。币的价格越高，累积持币量所需要耗费的资源也就越多，因此足够高的币价就可充分压低双重支付的概率（Saleh，2021）。这一逻辑与中本聪对工作量证明如何防止双重支付的设计异曲同工，因此也就面临同样的问题：攻击者实际上只需要使自己建立的分叉比另一分叉多一个区块就可达到目的（John et al., 2022）。所以无论是权益证明系统还是工作量证明系统，防止双重支付都不能仅仅依靠原始的逻辑设计，还要采取其他措施予以配合。

3. 均衡状态下的矿工数量问题

中本聪对比特币的设计充分考虑了矿工的激励机制，但聚焦于激励的基本逻辑和实现思路却忽略了一个潜在的重要问题：不同的激励水平到底能够吸引多少矿工参与其中？也就是在整个系统达到均衡状态时，矿工数量如何决定？

Easley、O'Hara 和 Basu 等人的研究填补了这一空白。基于最基本的经济逻辑，矿工是否参与比特币挖矿工作取决于是否有利可图，也就是挖矿取得的收入能否超过成本。挖矿有两项收入，一项是成功生成区块之后新产生的比特币，另一项是该区块内所有交易给矿工的交易费。挖矿成本则包括设备硬件折旧和电费等。系统的均衡条件是预期采矿利润为零，也就是单位收入等于单位成本。Easley 等人的研究认为，均衡条件下的矿工数量正比于比特币的价格和用户支付的交易费用。也就是比特币价格越高，交易费用越多，均衡状态的矿工数量就越多。同时，鉴于比特币存在数量上限，矿工的最终激励主要依靠交易费用。那么均衡状态下的矿工数量就取决于交易的到达率（Arrival Rate），也就是矿工需要面对的工作量。到达率越高，吸引相同数量矿工所需要的均衡交易费用就越高；反之到达率越低，均衡交易费用就越低（Easley et al., 2019）。

4. 各类系统攻击问题

比特币系统运行在公共网络中，不仅个人电脑可以访问，同时还有大量的矿机和交易所等。因此对比特币系统的攻击实际上可以从很多层次上展开。攻击大体可以分为两类，第一类是一般网络系统上普遍存在的攻击，不特定针对比特币系统，比如网络监听、DoS/DDoS 攻击、钓鱼攻击、BGP 劫持等。第二类则是利用比特币的独特原理而发起的特定攻击。第一类攻击在各种网络安全书籍中有详细阐释，与比特币系统本身的特性关系不大，因此本节只关注第二类攻击。

在中心化的系统中，最重要的部分是中心节点。对中心节点的控制就意味着可以掌控账户和交易，将系统所承载的价值向自己转移。在比特币这样的区块链系统中，最重要的部分是主链。控制主链意味着控制了交易和每个区块的挖矿收益。如果攻击者能够决定什么样的区块可以进入主链，那它不仅可以让特定的交易作废，实施双重支付，也可以只让自己生成的区块进入主链，从而垄断挖矿收益。在实践中，对比特币系统的攻击正是围绕着这种思路展开的。

在中本聪的设计里，控制主链需要有超过全网 51% 算力的能力才可实施，因此全网算力越强，控制的成本就越高，也就把攻击的概率降得越低。但在实践中，如果不追求对主链的全部控制，而只是针对某些交易进行攻击的话，那么只需要相对的算力优势和一些运气即可实施。攻击的基本思路就是排除别人生成的某个特定区块，让自己生成的区块进入主链。自私挖矿攻击（Selfish Mining Attack）采用的就是这种思路。

所谓自私挖矿，是指当一个具有算力优势的节点 A 挖出新区块 n 之后并不立即向全网广播，而是存储在本地并基于这个新的区块继续挖矿。比特币的挖矿规则要求各节点在第 n 个区块挖出之前，不能挖掘第 n+1 个区块。所以当 A 节点挖出 n 区块却秘而不宣时，它就可以抢跑 n+1 区块的挖掘。由它创造的这个支链就比其他支链有至少一个区块的长度优势。当时机成熟，它将自己的支链向全网公开，其他节点会认定它才是最长链，并在其基础上继续挖矿。那么，从 A 开始进行自私挖矿的区块 n 开始，一直到其公布自己支链的时点，其间其他节点产生的全部区块都将作废。这样，A 就不仅可以取得这些节点的所有挖矿收入，也可以让特定交易失效，从而达到攻击的目的。

自私挖矿攻击在多个区块链系统中都有成功案例。以太坊经典（ETC）系统中某矿工在 2020 年 7 月 31 日 16：30 开始的 12 小时里进行了自私挖矿，并在之后向全网发布了自己的支链，涉及 3594 个区块，导致这期间涉及的全部交易都有作废的可能，由此导致的双重支付金额高达百万美元。该矿工所拥有的算力是向云计算服务商购买而来，整体攻击的租借成本仅为 17.5 个比特币。比特黄金（BTG）系统在 2018 年也有类似遭遇，且损失更为惨重。攻击者同时创造了两笔交易，第一笔是把 38 万个 BTG 发给数字货币交易所，并马上从交易所提现，第二笔则是把这些 BTG 发给自己。攻击者将第二笔交易打包进区块并进行自私挖矿，产生了一个不包含第一笔交易的支链。当第一笔交易成功提现之后，他向全网公布了自己的支链。由于这个支链更长，因此按照规则，全网认可他没有向交易所转过 BTG，而是转给了自己。但此时交易所已经给他提现，无法撤销，这样他就成功骗取了 38 万个 BTG，价值 1860 万美元。

其他攻击方式如 "51% 算力攻击"、"双重支付攻击"、"芬尼攻击"（Finney Attack）、"区块链重组攻击" 等从原理上看都与自私挖矿攻击有着类似的逻辑和流程，都是在工作量证明系统中利用算力优势达到控制主链的目的。而在权益证明系统中，算力不再重要，因此攻击方式也不同。

权益证明系统存在一个被称为"无利害关系"（Nothing at Stake）的问题。在工作量证明系统中，一个节点在区块链分叉处只能参与其中一个支链的挖矿工作，否则分散算力得不偿失。但在权益证明系统，因为参与成本很低，节点可以参与所有支链，不体现任何选择倾向，所以无论哪一个支链胜出都能够保障自身收益。但对一般网络延迟带来的分叉，这样做将会使所有支链的长度都不断增加，把本应该早早放弃的支链继续延长，从而"尾大不掉"，增加了系统取得共识的难度。对于恶意分叉，各节点也并不关心其真实意图，体现出同样的"无利害关系"态度，一视同仁表示支持。这就给攻击者的攻击行为带来了极大便利。

由于不需要算力支撑，权益证明系统的攻击可以更大胆、更高效。比如在工作量证明系统中要创建分叉并且成功实施自私挖矿需要具备一定的算力优势，而且不能攻击太多区块，否则押注的成本太大，得不偿失。但在权益证明系统中就可以实施所谓的"长程攻击"（Long Range Attack），大大增加了可攻击的区块链长度，甚至最长可以从创始区块开始。其基本思路与自私挖矿类似，创造自己的支链之后对主链进行替换。但因为不需要什么算力成本，只需要通过更改区块时间戳或者买通其他矿工合伙作案，就可以很快形成一条很长的支链，加之上述"无利害关系"的助力，就可对主链产生重大威胁。

（四）针对比特币交易数据的初步分析

从对比特币典型特征的分析中不难看出，其与传统货币存在巨大差异，以至于经济学中很多典型的货币分析方法对比特币而言并不适用。不过，自比特币诞生之日起，尤其是自 2010 年比特币可以与全球主要货币自由兑换以来，各类比特币组织累积了大量的交易数据，我们可以利用这些数据来进行一些初步分析。

1. 当前比特币市场的几个特征事实

第一，可供新开采的比特币已经所剩不多。中本聪为比特币设计的总开采量上限为 2100 万个。如图 2-3 所示，截至 2023

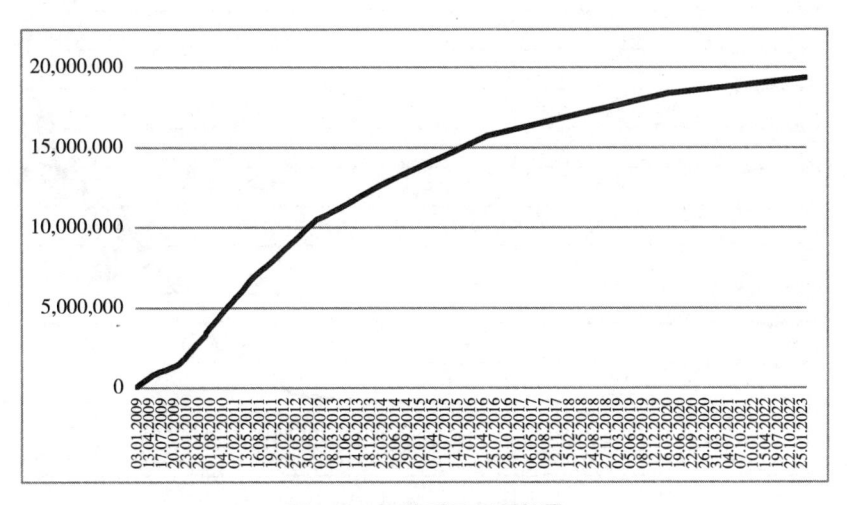

图 2-3　比特币已开采数量

数据来源：Blockchair。

年4月，全网已开采逾1935万个，也就是说，剩余可开采的余量已不足总量的8%。比特币市场正在逐渐向存量博弈的时代迈进。

第二，伴随全网算力的大幅提升，比特币网络对全功能节点的硬件要求也极大提升。具体要求一方面体现为算力，另一方面则体现为存储。算力方面，仅2022年一年，全网算力就提升了19%。截至2023年4月，全网算力（哈希率）已达到385EH/s，这也极大提升了挖矿的难度（图2-4）。同时，全网算力高度集中，不仅地域集中，同时组织集中。根据Blockchair提供的数据，在我国整治比特币挖矿活动之后，全网一共7474个节点，其中37%位于美国，15%位于德国，7%位于法国，5%位于加拿大。从组织来看，全球前五大矿池

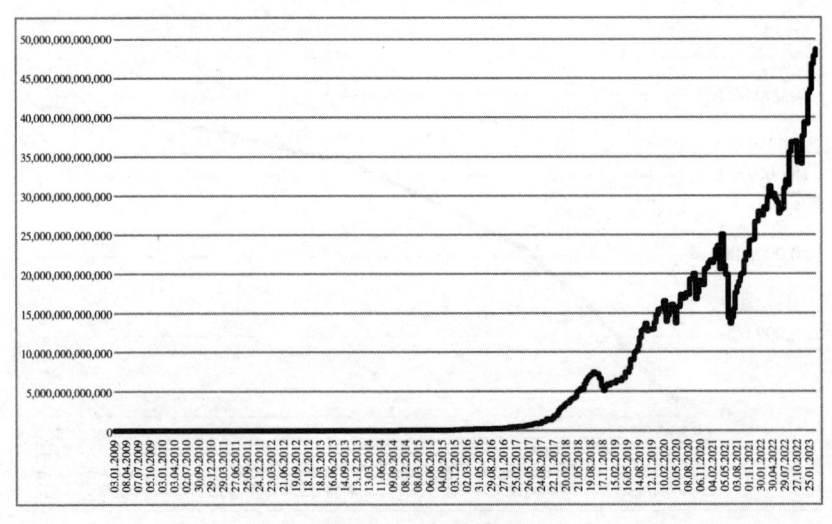

图2-4 挖矿难度

数据来源：Blockchair。

集中了约90%的算力，其中32%属于Foundry USA Pool，22%属于AntPool，15%属于Binance Pool，14%属于F2Pool，ViaBTC占有约9%。存储方面，如图2-5所示，比特币区块链的完整数据已经超过450GB，而且仍在快速增长，这已经超过了很多个人电脑的存储上限。

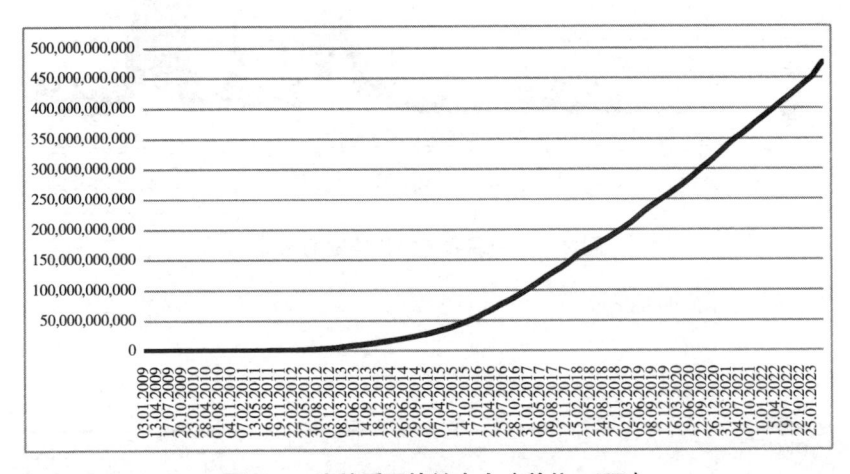

图2-5 比特币区块链大小（单位：KB）

数据来源：Blockchair。

第三，目前比特币矿工的主要获利来源依然是挖出的新币，而非区块内每笔交易提供的交易费。尽管按照每四年减半的规则，比特币在2012、2016和2020年先后三次将每区块的新币开采量减半，从图2-6可以看出，相比交易费而言，挖矿收益依旧占据主要地位。即便在交易最为频繁的时期，交易费也仅相当于开采新币收益的一半。而且如图2-7所示，伴随着比特币本身价格的提升，尽管矿工每次挖到的币少了，但收益反而增加了很

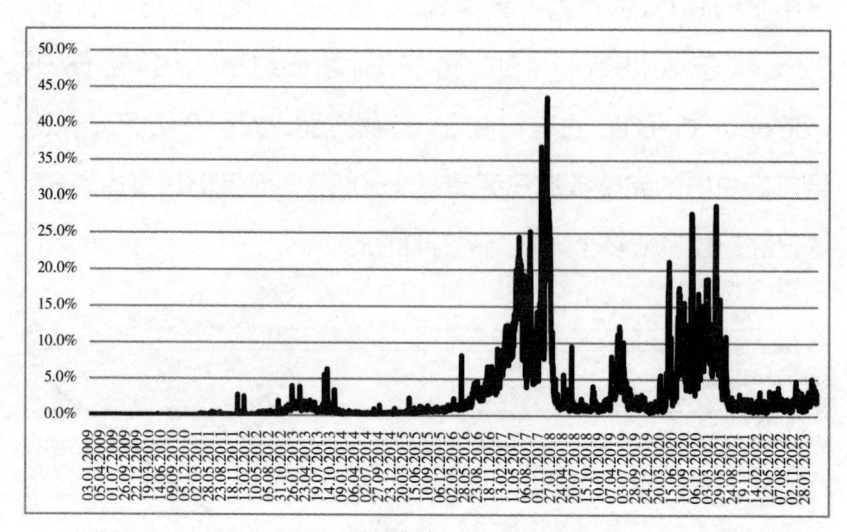

图 2-6 交易费与挖矿奖励的比值

数据来源：Blockchair。

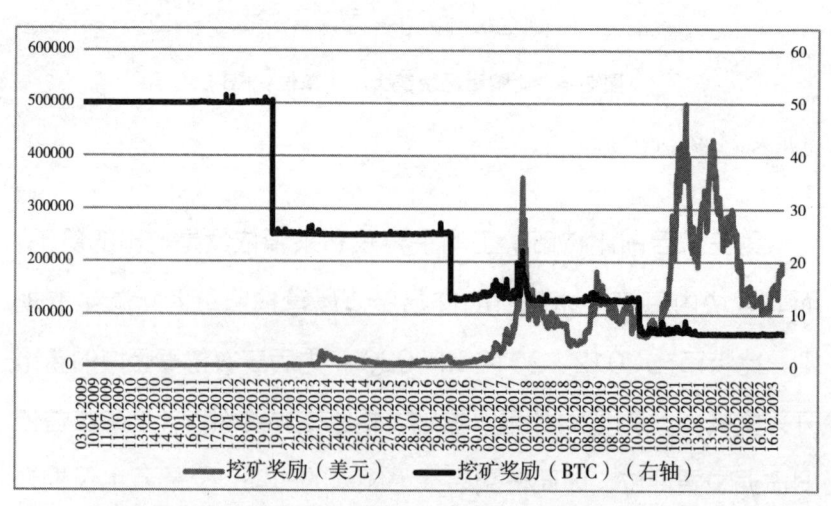

图 2-7 每个区矿的挖矿奖励（以美元计价和以 BTC 计价）

数据来源：Blockchair。

多。但反过来看，矿工的收益就代表了比特币交易的成本，币本身价格高涨也就使得每次交易的成本激增。这就体现出比特币作为资产和作为交易媒介之间的逻辑冲突：作为资产时价格当然越高越好，但价格越高就越妨碍其作为交易媒介的基本功能。主权货币其实也存在类似的逻辑，因此各国央行都在维持币值稳定方面付出了大量努力。

2. 比特币的市场价格

比特币的市场价格自诞生以来呈现出巨大的波动态势，从最初的一文不值发展到最高时单位价格接近 7 万美元（见图 2-8）。有人将比特币的价格上涨归结为市场炒作，但也有人认为这是比特币价值应有的体现。

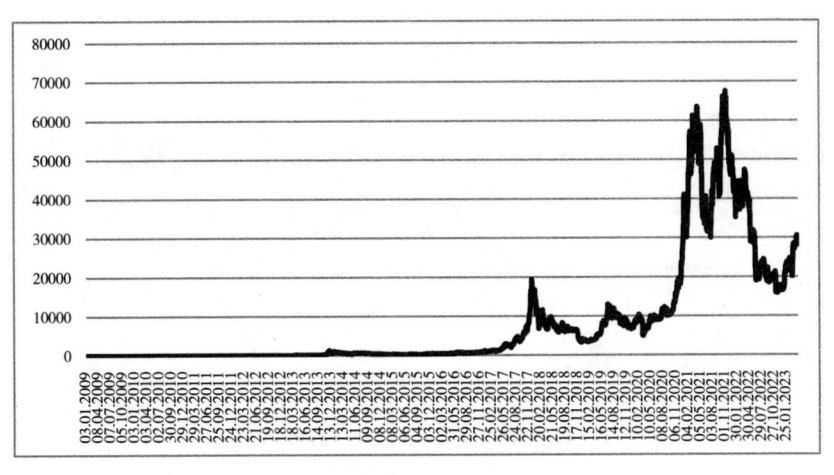

图 2-8　比特币价格（以美元计价）

数据来源：Blockchair。

如果把比特币与同时期其他资产进行收益率的比较，不难发现几个关键特性。第一，比特币价格的波动率较高，尤其显著高于标普500指数（见图2-9），适合以波动作为主要盈利手段的投资策略。第二，近年来比特币的价格一直维持在高位，几年前投资比特币的投资人在近年来普遍取得了较好的投资业绩。尽管如此我们也应当看到，过往的盈利水平不代表对未来获利的预期，尤其是在高波动率的情形下，高位进场很有可能迅速血本无归。加之我国监管机构目前对比特币持完全否定的态度，在国内进行比特币投资不被官方认可，得不到相应的法律保障。

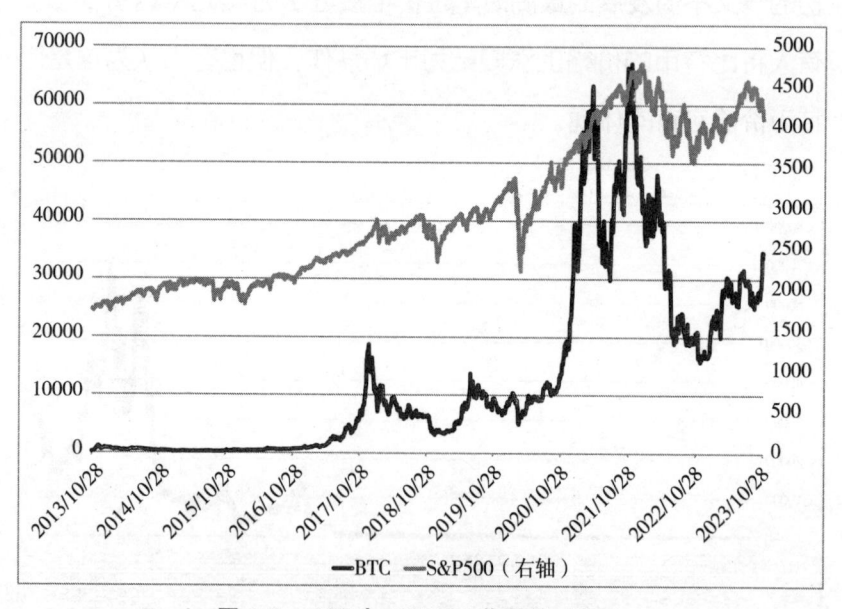

图 2-9　BTC 与 S&P500 指数的对比图

数据来源：Coinmetrics。

3. 市场分布与集中度

图 2-10 显示了比特币市场截至 2013 年 12 月持币最多的前 100 个和前 500 个账户持币量占比情况。当时已开采的比特币总量约为 12,131,225 个，排名前 100 的账户持币量为 2,647,870 个，约占总量的 21.8%，而排名前 500 的账户持币量为 4,331,893 个，约占总量的 35.7%。

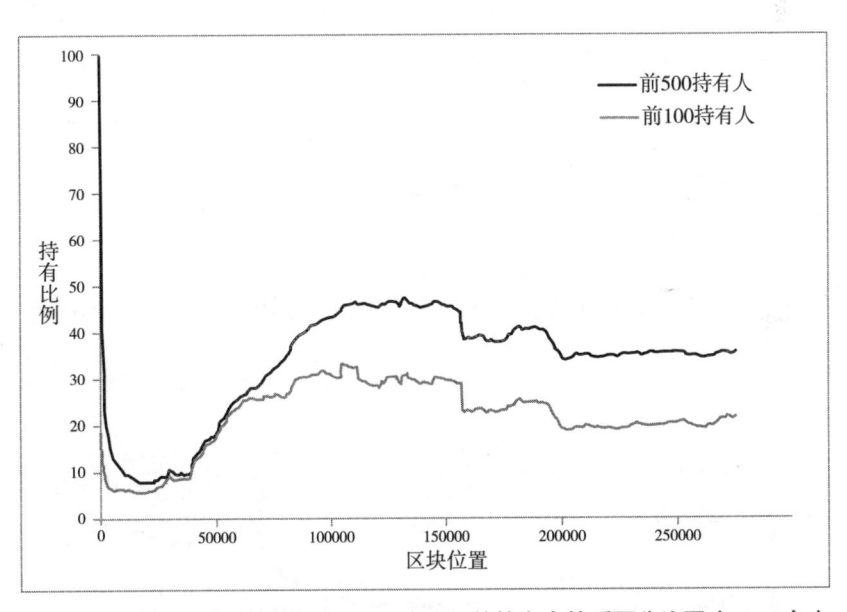

图 2-10　比特币持有总量前 500 及前 100 的持有人持币百分比图（2013 年）

数据来源：BitcoinRichList。

到 2023 年，前 100 个账户持有 3,293,785 个比特币，占比 19.18%；前 500 个账户持有 5,2216,019 个比特币，占比 30.37%；前 1000 个账户持有 6,179,967 个比特币，占比

35.98%。跟十年前相比，按照账户来划分的集中度有所下降，但这并不代表实际持币集中度的下降。因为每个账户完全匿名，且集中于几大矿池。鉴于算力的集中分布，我们有理由相信大部分比特币仍然被少数人所掌握。

4. 资本账户开放下的人民币汇率参考值

由于资本账户尚未完全开放，且人民币利率形成机制尚未充分市场化，所以，计算人民币均衡汇率面临很大困难。而比特币在这方面可能具有天然优势。由于标准化程度高、信息更加透明、没有运输费用、交易成本低、没有资本流动限制，这意味着通过比特币间接计算出的人民币汇率水平，可用来参考资本账户全面开放后人民币对美元的汇率。

图 2-11 显示了 2011 年 6 月至 2013 年 12 月期间人民币

图 2-11 美元与人民币兑比特币的汇率

数据来源：Bitcoincharts。

与美元兑比特币的汇率。不难看出，二者的波动趋势具有极强的相关性，这意味着早在 2011 年，比特币的跨境套利机制就已经存在。

通过上述两种货币与比特币的汇率而间接计算出来的人民币兑美元汇率，与人民币兑美元汇率中间价的比较如图 2-12 所示。可以看出，通过比特币市场形成的人民币兑美元汇率围绕着人民币兑美元市场汇率上下波动。人民币兑美元的市场汇率具有很强的稳定性，且在图 2-12 的时段内由 6.5 左右缓慢升值至 6.0 左右。相比之下，通过比特币市场形成的人民币兑美元汇率尽管存在较大波动，也一直没有远离该区间。这意味着，即使资本账户全面开放，人民币兑美元汇率也未必会发生持续的升值与贬值。换句话说，这说明当前人民币兑美元的市场汇率已经相当接近均衡水平。

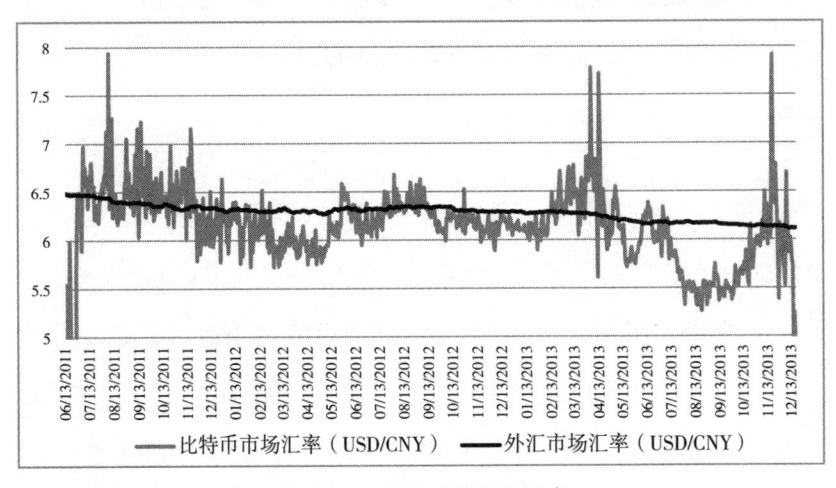

图 2-12　人民币兑美元汇率

数据来源：国家外汇管理局、Bitcoincharts。

我们在图 2-13 中比较了美元兑日元的比特币市场汇率与外汇市场汇率。可以发现，两者走势的吻合程度要显著超过人民币兑美元两种汇率走势的吻合程度。考虑到美日之间的资本账户已经全面开放，这也说明了通过比特币市场推算出来的汇率，可以用来近似地估算资本账户开放条件下的汇率走势。

图 2-13 美元兑日元汇率

数据来源：Quandl、Bitcoincharts。

值得一提的是，我们使用 2019 年 11 月到 2021 年 12 月这 2 年时间的数字进行了再次计算，结果出现了两个有趣的变化。

一个是人民币汇率中间价与通过 BTC 算出来的汇率同步波动。图 2-12 显示的 2011—2013 年的汇率中间价变化较小，几乎不随着通过 BTC 算出来的汇率而变化。而在图 2-14 中，中间价就显出很好的波动性，二者趋势更加吻合，与图 2-13 显示的美元兑日元的情况更加相似。出现这种情况的原因就在于自

2015年的"8·11"汇改以来,人民币兑美元汇率的双向波动态势日益明显,且更多地由市场供求来决定。

另一个变化是计算汇率与中间价存在持续的单向差值。之前通过 BTC 计算得到的汇率会围绕中间价上下浮动,人民币兑美元和日元兑美元皆如此。但目前的结果隐含比特币交换市场对人民币的持续低估,碍于数据的限制,笔者目前还没有找到这种现象的有力解释,但它的确值得未来深入研究。

图 2-14　人民币兑美元汇率

数据来源:国家外汇管理局、Bitcoincharts。

四、比特币的前景展望

本部分将分析比特币长期发展会面临哪些主要限制,探讨比特币未来的发展与演变。

（一）比特币长期发展面临的主要限制

货币源于社会分工背景下物物交换的不断发展，而比特币产生的背景则是全球经济一体化和互联网全球化。比特币天生具有全球化和去中心化特征，这是与互联网经济的发展相适应的。然而，货币的使用具有很强的制度依赖与网络外部性特征，因此一种新的货币要想取代传统货币的地位，必须在某些方面具有明显的优势，而在其他方面也不能显著弱于现有货币。从这一角度来看，比特币的长期发展显著受制于如下缺陷：

1. 比特币自身的逻辑悖论

对于由技术创新带来的社会经济变革，技术门槛往往会阻碍人们在技术的基础上展开各种讨论，从而忽略一些核心问题。

比如，比特币是被设计作为一种货币系统的。货币系统的核心要素之一是能够高效且安全地帮助交易达成。具体来说，付款方在支付后，收款方需要及时收到款项，从而完成商品或服务的交割。但从本章前述分析中不难看出，比特币在交易确认速度和交易安全性两方面存在天然的悖论。如果想提高交易确认速度，那就必然导致区块链上的更多分叉，从而带来安全隐患。反之，如果要尽量避免分叉带来的安全问题，要么降低区块产生速度，要么提高交易确认需要等待的新区块数量。目前比特币系统规定的区块产生速度是 10 分钟生成一个新区块，也就是说，交易双方等待交易写入区块至少需要 10 分钟的时间，而这仅仅是等待一个区块生成，不含产生分叉之后额外增加的等待时间。与现有的纸币和银行电子支付相比，这种确认交易的时长会在一定程度上破坏用户体验。因此，定位于货币系统的比特币在技术层面存在着先天不足的问题。

从另一个角度思考，如果我们不将比特币视为货币，而是视为一种资产，可能就会避开交易速度和安全性相悖的问题，毕竟资产重在价值储藏功能，交易速度偏慢并不构成核心障碍。但实际上，比特币的价值一方面源于总量受限，另一方面也源于其能够作为一种替代性的交易系统。后者尤其重要，因为人们可以任意创造一种总量受限但其实毫无价值的虚拟资产，这实现起来并不困难。比特币的稀缺性很大程度取决于全球用户的认可，但能否持续获得认可，其实源于比特币能否真正发挥货币的作用，使厌恶现有货币体系中心化、显名化、跨境审查等特性的群体得以摆脱束缚。因此，交易确认问题是比特币未来发展绕不开的重要障碍。

2. 政策风险

迄今为止，各国政府对待比特币这一新生事物采取了截然不同的态度。以美国和德国为代表的一些国家对比特币给予了较为宽松的监管环境，中国等国家则是比特币的坚决反对者，要求国内机构停止比特币的相关服务。

各国对比特币态度迥异主要有三个方面的原因：首先，各国对本国金融体系的监管能力不同。尽管电子货币有助于促进新兴市场国家的经济增长，但同时也显著增加了监管难度，并对央行掌控货币政策的能力提出了新的挑战。发达国家的金融市场发展程度较高，在金融监管方面经验丰富、手段多样，且各项制度相对完善，因此对金融创新所造成冲击的消化能力更强。相反，新兴市场经济体的金融市场发展较为落后，政府金融监管能力较为薄弱，对金融创新所造成冲击的防御能力较弱。这就可以说明为何发达国家总体上对比特币更为欢迎。其次，各国接触比特币的时间和程度不同，在比特币方面获得的利益也存在较大差异。比特币的匿名性使得我们无从得知各国已取得比特币的具体数额和分布。但鉴于美德等发达国家起步较早，从比特币诞生时起就有大量人员从事比特币的研究和挖矿工作，而且至今有增无减。因此有理由相信，美德等发达国家在比特币的已开采总量中已经持有相当份额，形成了各自的既得利益，甚至可能已经具备操纵市场的能力。再次，比特币在控制犯罪方面向政府提出了新的挑战。对匿名交易的比特币犯罪来说，只有美国等少数国家才具备追缉罪犯的技术能力，它们也已经为此投入了巨额资金。例如，2013年10月，美国联邦调查局（FBI）宣布彻底捣毁著名的地下交易网站"丝绸之路"（Silk Road）。这一网站70%的交易集中于毒品，该网站利用比特币的匿名性隐藏了交易双方的真实信息，为破案带来了巨大麻烦。即便是FBI这样全球顶尖的情报部门，也是在进行了漫长烦冗的数据分析之后，借助谷歌公司的帮助，才从多种渠道锁定犯罪嫌疑人。之后，FBI还出动了多名探员，通过长期的卧底工作才掌握了大量证据，从而成功将案件破获。对于新兴市场国家来说，如此庞大的技术和资金投入都是难以接受的。

3. 社会接受程度

与传统货币相比，比特币在使用的便利性方面存在如下问题：其一，如前所述，每笔比特币交易都要等待后续若干个区块被加入主区块链后才能最终确认，这是个相当耗时的过程。其二，比特币市场价值的大起大落也限制了其使用。很少有人会愿意接受一种一天之内涨跌幅度超过 50% 的货币，这一波幅已经超出了绝大多数人的风险承受能力。正如 Yermack（2013）所言，比特币汇率的变动规模与波动性远远超过其他常用货币，这破坏了比特币作为一种计价单位与储藏手段的有效性。其三，比特币的设计理念隐含了风险自担的思想，例如没有中心节点、缺乏中央监管和仲裁机制、除私钥之外没有其他身份核实机制、交易验证只涉及有效性而不验证合法性等。一旦出现问题，几乎不能给用户提供任何保障。然而，目前大多数人在使用货币时还是习惯于受到某种保护，而且为了获得保护，甚至可以牺牲部分隐私权。这是长期以来社会演化形成的固有思维，短时间内很难发生实质性改变。

（二）比特币的发展与演化

比特币发展至今已有十余年时间，从最初的小范围极客文化发展到现在的庞大产业链，一方面验证了当初中本聪设计思想中的"能与不能"，另一方面也被后续开发者拆解，将其设计亮点剥离了出来，独立衍生出若干种新的创造，有各式各样的新"币"，也有基于区块链技术的其他应用。限于篇幅，本章仅就其中三种具有代表意义的构思给予介绍和评议。

1. 基于区块链技术构造智能合约

如果我们不把比特币视为一种潜在的全球货币，而是将比特币系统作为一种点对点的安全交易平台，那么其设计还是非常严谨的。因此，不妨将比特币系统视为一种底层支撑平台，利用它能提供的服务来构建更上层的应用。就像目前互联网采用的五层协议一样，每一层协议都不是完美的，都有自己的独特优势和致命问题，但各层协议之间相互配合，互为补充，就构成了一套切实可行的解决方案。我们也可借鉴这种思路，即并不要求比特币本身十全十美，而是将其视为一个更大系统中的重要部件，通过构建与之相匹配的上层应用或底层支撑，来构建更宏大的系统。

2. 借助区块链技术进行项目融资

近年来，市场上出现了一种被称为ICO（首次代币发行，Initial Coin Offering）的新型融资方式，其名称不难让人联想到IPO（首次公开发行，Initial Public Offering）。的确，ICO可以被视为IPO的数字货币版，是结合了IPO和数字货币概念的产物。

IPO 是企业通过向公众发行股票进行融资，ICO 则是向公众发行代币（Token）来进行融资。IPO 发行的股票对应公司所有权的份额，公众是基于对公司当前整体价值的预估判断来购买。未来获益的方式要么是公司整体价值提升促使股价走高，要么是每年盈利派发分红。换言之，持股人是公司的所有者，关注的是公司整体的经营状况和盈利水平，在必要时亦可通过多种公司治理渠道来介入决策。

与之不同的是，ICO 发行的代币并不代表公司的整体权益，而仅是某个项目的使用权。比如一家科技公司就可以给其新产品发行代币，一个代币对应一套产品；某个服务项目也可以发行代币，一个代币兑换一次服务。从这个角度看，ICO 类似于项目众筹，但区别在于它是可流通可交易的。那么，投资人获益的方式就是这个产品或服务在未来得以升值，相当于低价购置了一批兑换券，期待未来能高价卖出。也就是说，ICO 的投资人只需关注项目的情况，而公司经营情况跟其并不直接相关。投资人持有的币不代表项目的所有权，却是未来项目收益的一种体现。投资人也无权介入项目决策，本质上只具有项目使用权。ICO 一般不募集现金，而是募集比特币等数字货币。当然，上述 ICO 的特点并非一成不变，可以通过各种合约进行权益调整，此处仅是介绍迄今为止的通常做法。

不难看出，ICO 与 IPO 相比的最大优势在于它可以只针对项目进行融资，而不涉及出让公司股权，以及由发行股票引发的一系列复杂的审查程序。投资人也可以专注于项目的概念和运作，而不必为公司其他事项花费大量精力。从这个角度来看，ICO为公司特定项目的权益融资提供了有力工具，规避了传统上单独项目融资要么兴师动众发行新股，要么通过银行进行债务融资受限，使得新项目可以单独进行权益融资而无须增加公司整体负债或稀释股权。

当然，理想和现实之间仍然存在差距。在实践中，大量ICO项目不仅被用于炒作，非法集资和诈骗案例也屡见不鲜。目前各国针对ICO的法律法规仍然很不明晰，因为一方面难以界定ICO是否属于证券发行；另一方面ICO募集的也并非法币，而是数字货币，投资人都以匿名形式认购，这就进入到为众多国家的法律所不能容忍的灰色地带。因此，尽管ICO是一种基于区块链技术的出色创新，也解决了当前企业项目融资中的诸多痛点，但其发展之路依然漫长并充满不确定性。

3. 借鉴比特币思想改造现有货币

过去几十年，国际金融危机频发，证明当前的国际货币体系并非一个最优体系，对其进行改革可谓势在必行。当前全球范围内货币面临的诸多问题，都直接或间接地与币值不稳定有关。Shiller（2004）对未来的货币形式做出了大胆预测。他认为货币的交易媒介属性和记账单位属性并不一定要在同一种介质上共存。换句话说，可以在未来创造一种货币，它仅仅承担交易媒介的功能，代表商品或服务所有权的转移，而货币本身的价值无关紧要，因为商品和服务的价格不会以该货币的数量作为衡量标准。Shiller特别提到了智利目前所采用的"发展单位"概念，他认为以"发展单位"为代表的指数型会计单位是解决目前币值不稳定的有效途径。

我们认为，如果Shiller描述的未来货币发展趋势是正确的，那么对比特币进行改造，使之作为交易媒介，与此同时再创造出一种适合的指数型会计单位进行计价，就可能给现有货币体系带来重大变革。作为交易媒介，比特币的去中心化、安全性、透明性、可追溯性、全球性、便利性是值得肯定的，但其总量固定、交易确认时间太长等缺陷也非常突出。因此，我们可以借鉴比特币的发明思路，对其缺点进行改进，重新创造一种新的货币形式（不妨称为新比特币），使其能够更好地满足交易媒介的重要特质。交易媒介的作用是标记商品、服务或其他经济利益的转移，其本身发行多少与价值几何，可以完全不影响商品或服务的相对价格。作为记账用的会计单位，我们可以像智利"发展单位"一样使用一种指数型会计单位，所有商品价格都用该单位来衡量。而这种指数型会计单位与比特币的挂钩可以采用松散的方式，即根据比特币总量的变化来适时调整两者之间的兑换关系，以避免币值波动影响经济增长。

当然，这种全新组合的可行性和实施细节都需要进一步探讨，本章在此只是提出一种思路，还需经过严格论证。

五、结论

　　本章通过对比特币运行原理的阐述，剖析了比特币的典型特征，并展望了比特币的可能前景。主要结论包括：首先，作为货币发展史上的重大革新，比特币在设计中使用的一系列创新思想和方式是值得借鉴的。它的出现是解决当前世界各国货币所面临问题的一种积极尝试，因此受到了全世界的广泛关注。其次，由于比特币在寻求以创新途径解决问题的同时，引入了一些难以调和且致命的新问题，导致市场对以目前的形式存在的比特币能否取得长远发展持怀疑态度。再次，比特币的发展前景取决于其能否顺利完成转型。无论是在其基础上建立其他应用层级，还是将其作为全球货币改革的一个组件，都需要对它进行重新审视和设计。我们认为，如果设计更为合理，且在实施过程中能更好地协调各方利益，比特币的发展前景虽然路途遥远，但值得世人期待。

第 3 章

从 Libra 到 Diem：
概念原理与潜在影响[①]

[①] 本章内容发表于《金融评论》2019 年第 4 期。

本章提要

本章从概念和技术角度阐述了Libra的运行原理，分析了其对全球经济的潜在影响。本章认为：第一，Libra在技术路线和运行模式的选择上均采取了产业合作和国际协调的方式，是目前非主权数字货币中的诚意之作。第二，Libra的愿景和架构设计仍存在逻辑冲突，以当前设计难以达成其声称的普惠目标。第三，Libra没有独立的货币政策并不代表没有货币政策，其将向小型经济体引入货币局制度，冲击原有经济秩序，并将通过货币乘数效应向大型经济体注入流动性，造成通胀压力。第四，Libra储备资产的中间形态较多，且涉及大量跨境交易，将使其流动性管理工作异常复杂，加剧全球市场波动。毋庸置疑，Libra无论自身成功与否，都将成为全球正规数字货币发展浪潮的重要推手，为我们开启一个全新时代。

一、回归初心的 Libra

中本聪的比特币创世论文发表于 2008 年，迄今已逾十年时间。其间，以比特币为代表的类数字货币经历了从无到有、从小范围研究到大范围"币圈"的长足发展。但从初心而论，这些"数字货币"似乎都缺失了作为货币的最基础功能——支付。因此，由 Facebook 推出的 Libra 甫一出现，便反复强调自己的支付属性，提高了交易确认速度，并通过设计储备资产机制来维护币值稳定，似是数字货币领域的"回归初心"之作。但几经波折乃至更名独立之后，这一尝试最终还是胎死腹中。我们惋惜之余不禁要问，如此声势浩大的创新产品到底有何优劣之处，它能够给数字货币产业留下怎样的遗产？

本章尝试从两个方面对 Libra 和 Diem 进行阐述：第一部分是概念原理，区别于一般的经济学分析，本章不仅探讨 Libra 在经济角度的上层设计，而且进一步深入底层技术，分析其技术创新如何为上层设计提供保障。另外还将对 Libra 的潜在影响进行分析和逻辑推演。

二、Libra 的基本概念、核心技术与运营模式

由于 Libra 1.0、2.0 和 Diem 在概念和技术层面区别较小，本章将以 Libra 1.0 为基础进行系统论述，并对后两者的主要升

级之处单独说明。Libra 的吸引力不仅源于 Facebook 等机构的全力投入，更源于其自身的诸多独特设计。本章将从基本目标、底层核心技术、运营模式、当前监管态度等方面对 Libra 的基本情况进行全面阐述。这些概念及设计原理是下文探讨其潜在影响的基础。

（一）自我定位及生存基础

自数字货币诞生以来，哈耶克的《货币的非国家化》与中本聪的比特币创世论文便一直在哲学和方法论层面引导着整个行业。哈耶克在货币供给领域野心颇大，看起来更像一场自由主义革命："避免我们被持续通胀驱向政府完全的控制和指挥，进而最终得以拯救文明的唯一办法是：剥夺政府在货币供应方面的权力。"而中本聪在论文中则仅仅提到，比特币是"允许有意愿的任意两方在没有可信第三方的情况下直接交易"，并且"交易从计算的角度无法撤回，从而保护卖家不被欺骗"。从中本聪的论文通篇的文字表述来看，比特币在发明之初仅仅是为了降低引入可信第三方所带来的额外交易成本，并且从技术角度预防商业欺诈。但其"去中心化"的实现路径，却在某种程度上承载了哈耶克"非国家化"的理想。

正因如此，各国政府才对比特币和其他类似数字货币进行打压；也正因如此，Libra 在创设之初便尽力避开取代主权货币的嫌疑。Libra 从第一版白皮书（2019）开始，在开篇处便十分明确地表达了与监管部门合作的态度："一些（加密货币）项目还试图破坏现有体系并绕过监管,而不是在合规和监管方面进行创新,以提高反洗钱举措的效力。我们相信,携手金融部门(包括各个行业的监管机构和专家)进行合作和创新,是确保为这一新体系建立可持续、安全和可信的支撑框架的唯一途径。"

在此基础上,Libra 才有可能与各国政府探讨其存在的意义:为更多人提供开放、即时和低成本的全球性流动货币,提升金融服务的普惠性和安全性。在当今比特币已经部分沦为暗网和非法跨境交易工具的背景下,这个愿景颇有回归比特币创立之初心的意味。

(二)核心技术

需要明确的是,Libra 货币只是建立在 Libra 区块链基础上的应用之一,而非全部。因此对于 Libra 货币的分析实际应从两个层面展开:第一是底层的区块链技术,这是上层货币应用的基石;第二则是货币层面的规则设计。二者均为 Libra 货币的支柱,缺一不可。在后面的升级中,底层区块链技术也基本保持了原有设计,变化主要集中在货币规则层面。当前针对货币层面的分析如汗牛充栋,但供非技术出身的读者阅读的技术分析则略显不足。本章将尽量尝试在两个层面都提供清晰完整的表述。

Libra 白皮书中特别强调了三项技术,用以区分 Libra 和其他区块链:

①设计和使用 Move 编程语言;

②使用拜占庭容错(Byzantine Fault-Tolerant Mechanism,

BFT）共识机制；

③采用和迭代改善已广泛采用的区块链数据结构。

除 Move 语言外，其余两项都是对现有技术进行的改造。Libra 有意避免了对现有技术的全盘否定，而是从更易于实现和安全的角度选择了成熟方案。这种折中考量和局部创新的思路贯穿了整个 Libra 的设计。从工程角度，这种思路更易于团结更多业内同人参与其中，亦是被诸多全球性标准化工作（如 4G/5G 标准化等）所采用的方式。下文将分别对三种技术进行介绍。

1. Move 编程语言

Libra 提供了长达 26 页的技术文献来论述 Move 语言的特点。想要了解 Move 语言的优势，必须首先了解以比特币和以太坊（Ethereum，其编程语言为 Solidity）为代表的传统区块链所使用的语言存在哪些问题。

首先，货币对于传统语言来说并非一种特定的"资产"，而是像程序中的其他变量一样，是一组数据，存在被任意虚增和复制的可能。现实中有价值的资产不仅数量绝对有限，而且其转移和交易过程中会受到严密监控，不存在诸如转移之后一方数量不减少，而另一方数量相应增加的情况。比如纸币，除央行外其他机构不能印刷纸币，纸币的交接也是由一方完全转移给另一方，不会出现交接之后又凭空冒出一张复制品的情况。但在数字货币中，黑客曾多次利用整数溢出等漏洞大举复制资产，造成过数亿美元的损失。更进一步而言，即便在数字货币的原生语言中将其强制定义为资产，以及在编译和运行过程中对转移及增加予以严格限制，但该语言编写的智能合约中可能会涉及用户自定义的其他类型资产，这样会失去语言的原生保护，从而需要开发者自行维护其安全性，这无疑大大增加了系统风险。

其次，传统区块链语言尚未在安全性和灵活性之间找到平衡点。智能合约是区块链技术的重要应用之一，允许用户利用区块链的可信性来自动完成一系列自定义动作。一旦满足了某项预先设定的条件，该条件下的一系列后续动作将会不可撤销地执行。这些动作中可能会包含支付对价、权属登记、保险执行、租约执行等。区块链在其中扮演的角色，类似于现实合约中具有强信用的中间人（如进出口业务中银行的角色，或淘宝交易中支付宝的角色）。智能合约的出现，可以使现实中各类交易的安全性和便利性极大地扩展。但如果出现问题，也将令使用者遭受重大损失。

为了适应这种便利性，很多传统区块链语言采用了类似于 Python 和 Ruby 的动态类型语言模式。这可以大大简化编写程序的过程，因为无需给变量定义类型模式，也就无须在编码期间了解系统如何具体运行。这些都会在实际运行中再进行检查或直接动态指派（Dynamic Dispatch）。此类语言通常具备高度的易用性，开发者可以快速实现功能。但事实上，与传统的 C/C++/C#/Java 等静态类型语言相比，动态语言是把发现风险的工作从编译阶段推向了实际运行阶段。上述类型定义错误和代码进入到无法预知分支的低级错误，在静态语言中通过编译和几个简单测试用例便可轻松暴露。对于一个必须高度可靠的交易系统而言，各类 bug 等到运行时出问题再去解决是无法容忍的。做个不严谨的类比，静态语言好比我们出游之前做好周密的计划，把全程途经的每一段交通路线、每一个住处、每一个餐厅、每一处景点都提前规划并反复做好沙盘推演，这样虽然可以避免很多问题，但也失去了灵活性，同时在前期需要做大量准备工作。而动态语言就好比说走就走的旅行，头脑里做好大致规划，带好简单的行装就可出发，有什么问题路上遇到再说。面对一般的环境，这种玩法当然更加舒适便捷，但万一遇到棘手状况，则会因为准备不足而出现问题。我们日常的交易系统，显然不应该为了灵活性就完全基于这种"说走就走"的逻辑之上。当然，实际系统比这个比喻复杂而严谨得多，此处仅是粗略说明。

为解决上述问题，Move 的技术文献从四个方面介绍了 Move 的创新之处。

第一，Move 定义了"一等资源"概念（First-Class Resources）。这一概念实现了上述"资产"的特点：不能凭空消失或被复制，必须在各个存储间以"移动"的方式完成交易，就像实物纸币一样。不仅 Libra 货币，其他基于 Libra 区块链开发的智能合约也可享有这样的保护措施，从根本上解决了上述问题。同时，Libra 也允许用户自定义一些可修改资源的关键行为（如创建、修改、销毁等），但这些行为在系统中高度受控，只能由定义该种资源的模块自身进行操作。

第二，灵活性。Move 允许开发者像其他高级语言一样调用各种过程（Procedures），或使用面向对象的诸多概念，以便完成大量复杂的计算或逻辑功能。但为了兼顾安全性，其中摒弃了大量可能导致程序产生不可预知行为的引用和指针，从而使其更加符合线性逻辑，避免程序的非线性行为。

第三，安全性。当前其他语言在选择可执行编码层次时，为了照顾代码安全性，都会选择高级语言或汇编语言。高级语言逻辑较为清晰，但验证安全性需要较为强大的编译器；汇编语言则更多是在运行阶段查出错误。Libra选择了二者的折中方式。其采用字节码（Bytecode）的模式，介于高级语言和汇编语言之间，并引入了字节码验证器（Bytecode Verifier）。这一做法可以避免向区块链各个节点引入大计算量的编译器，也无须等到实际运行时就能发现代码问题，从而用较为低廉的成本换取了代码的安全性。

第四，可验证性。Move注意到了其他一些区块链语言的常见问题，并由此对自身功能进行了一些限制：其一是不允许动态指派，因其容易混淆究竟哪一个模块调用了特定功能，并造成非线性的程序行为；其二是不允许多个可变的指针同时指向一个变量，这会导致同一时刻该变量被多个来源进行修改，从而导致最终状态难以预测；其三是对资源进行强制封装，以保证只有本模块才能行使对该资源的修改权，从而防止外部模块对资源的破坏。

上述解释对于非专业读者而言仍然较为晦涩难懂。这里做个类比，比如我们依然允许旅行采用"说走就走"的模式，但增加了很多保障措施。比如给关键物品加装安全箱，外人无法打开；每到一个地区都要有大致规划和路线，不用很详尽，但也不会完全随意；同时全程规定了一些禁止行为和禁止路径，避开危险区域。通过这些举措，保障接下来进行的活动都相对安全可控，也就在安全性和灵活性之间取得了相对折中。

2. 使用拜占庭容错共识机制

Libra 采用了 LibraBFT 共识协议来保障整个网络在高交易处理量、低延迟和更高能效的情况下快速达成一致。为了说明 LibraBFT 的原理，我们需要首先探讨一下是什么样的需求使其变得如此重要。

拜占庭容错始于图灵奖得主莱斯利·兰伯特（Leslie Lamport）描述的一个计算机领域经典问题：拜占庭将军问题。问题大意是拜占庭帝国在历史上幅员辽阔，其军队相互分散。在不存在核心指挥官的情况下，相互联系只能依靠各个军队的将军之间进行点对点的通信。

如果需要进攻或有敌军进犯，各将军间是需要通过沟通才能达到协调一致的效果的。在理想环境下，将军们的通信是实时的，一条新消息可以在第一时间让所有将军知晓。同时将军们和送信官都无比忠诚可靠，传递的消息 100% 真实可信。将军们都能以大局为重，按照事先约定的规范行动，不存在一意孤行的行为。在这种条件下，共识当然很容易在所有将军之间达成。但现实并不总是这么友好。在现实环境中，可能会有若干因素影响共识达成：消息传递通路可能存在问题；部分将军可能叛变；叛变的将军可能会恶意传达错误消息给其他将军；部分军队可能被围困导致无法行动等。那么，在如此恶劣的环境之下，如何保证大部分军队取得共识？或者说，有多大比例的将军同时出现问题，就会导致系统的全盘崩溃？

这个比喻跟区块链系统面临的问题非常相似。区块链去中心化的根基在于全网需要针对某笔交易取得共识。在没有中心节点的情况下，共识只能依靠网络中各个节点相互之间点对点通信来进行协商。但实际上网络中的通信链路可能出错，各个节点可能会失效，同时可能会发生恶意攻击。那么如何保证全网能够顺利取得共识呢？

为了解决这个问题，比特币采用的是工作量证明（PoW）的方式，即由矿工们通过付出大量算力挖矿来争夺对当前区块的记账权，他们的回报就是挖矿得来的比特币。不诚实的矿工是不愿意付出如此大的代价来换取挖矿收益的，但为了破坏整个网络，他们理论上必须掌握全网 50% 以上的算力才能可持续地掌控新区块的产生，实施难度较大。尽管如此，这种用工作量来取得共识的方式也有明显缺陷，其计算复杂性导致能源浪费严重，同时导致区块生成的时间过长，确认交易往往需要数十分钟的等待时间，用在在线支付系统时难以满足实时性的要求。

LibraBFT 由 HotStuff 算法改进而来。为避免过于复杂的技术讨论，本章只简要说明共识的流程。与比特币完全工作在网状网络不同，BFT 算法为了降低流程复杂度，需要工作在有若干重要节点的星形网络中,即各重要节点之间互相通信,其余节点只跟邻近的一个重要节点之间产生联系。这也是为何Libra在初期要工作在联盟链,而不是公有链上的重要原因。

LibraBFT定义这些重要节点为验证者(Validator),在网络中起到接受交易请求和验证区块有效性的作用。当一笔交易产生后,它会被最近的一个验证者接收,此时该验证者就作为发起者(Leader)来组织验证程序。它将若干笔交易打包进一个区块(Block),并广播给网络上所有其他验证者(图3-1中步骤①)。其他验证者收到区块后进行验证,如果认可这一区块,则向发起者回传投票(Vote)结果(图3-1中步骤②)。在收集到足够多的投票后,发起者生成一个法定人数证明(QC,Quorum Certification),代表该区块已经得到了足够多节点的确认,并把该证明向所有验证者广播(图3-1中步骤③)。此时所有验证者节点都将根据这一消息更新本地保存的区块链状态,将新验证的内容加入。这一过程称为一轮(Round)。之后其他交易所产生的验证内容也会陆续加入。为了避免前述失效或者恶意节点在此过程中进行破坏,新加入的内容将在三轮之后才正式被全网接纳或提交(Commit),正式成为整个区块链的一部分。

比特币所采用的工作量证明机制可以防止50%的节点失效,而且对所有节点一视同仁,可以直接应用在公有链上。相比之下,LibraBFT理论上只能防止不超过1/3的节点失效,而且必须指定若干重要节点作为验证者,使得其看起来不如比特币强大。但LibraBFT在较大程度上缩短了交易的确认时间,使其可以适应现实交易需求。此外，Libra 发布初期将工作在联盟链上，各重要节点均为联盟成员提供，恶意节点出现的概率将大大降低。从实践的角度看，在安全性和效率方面 LibraBFT 相比于比特币是更优的选择。

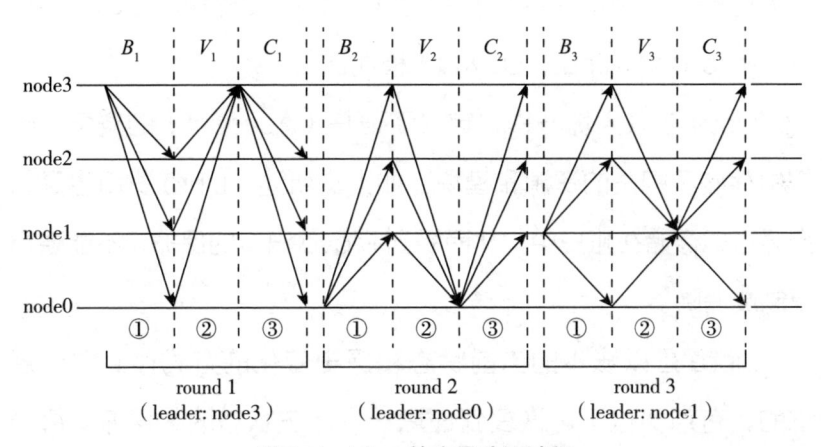

图 3-1　Libra 的交易验证过程

图片来源：*State Machine Replication in the Libra Blockchain*，Calibra（2019）。

3. 改善的数据结构

Libra 虽然自称为区块链（Blockchain），但其白皮书也明确指出在 Libra 中没有类似于比特币的那种区块链条的模式，而是以统一的数据库（Database）形式存储。

此处需要区分一个重要概念。虽然个人在比特币系统中可以开设账户或钱包，但其内部并没有一个专门的"账户"空间用来存储比特币资产。比特币是将创始以来的所有交易都以链状形式储存。链上按时间顺序排列了大量节点，每一个节点是一个区块，每一个区块中储存了大量在那个时刻附近发生的交易。如果有用户需要查询自己的账户中有多少余额，对于比特币系统而言，实际的动作并非找到对应账户直接读取余额数据，而是需要遍历与该账户有关的历史交易，通过历次的交易金额来计算出当前的账户余额。该模式被称为未花费的交易输出（Unspent Transaction Output，UTXO）模式。

Libra 与以太坊一样，定义了账户（Account）的概念，账户中存储了相关的资源和模块。如上文所述，Libra 货币也是以资源形式存储在账户中，从而受到 Move 语言的保护，不能随意复制或消除。

Libra 是以账本的当前状态和历史变化的方式存储整个系统的，有点类似于可恢复到任意一个历史状态的数据库。每当一组新数据写入数据库，就会生成一个新的历史状态。历史状态通过被称为默克尔树（Merkle Tree）的数据结构进行组织。如图 3-2 所示，H 函数代表一个哈希（Hash）函数，即对输入内容进行编码，输出一个长度始终不变的数，相当于对输入数据加密。如果输出变化，输入必然有变化，且无法根据输出数据直接反推出输入数据。图中 h4 为 h0 和 h1 的哈希值，h5 为 h2 和 h3 的哈希值。顶层即为默克尔树的根节点（root），图 3-2 中根节点的值是 h4 和 h5 的哈希值。由此可知，默克尔树的一大优势在于只需要观察根节点即可知道整个树上各个节点的状态（例如是否经过篡改），而不必把树上所有节点重新遍历计算一遍。

图 3-2 默克尔树（Merkle Tree）

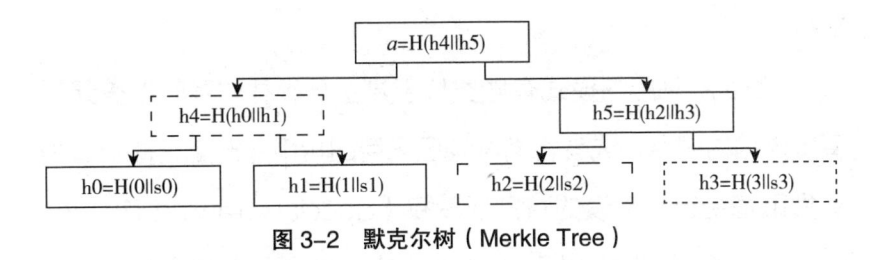

图片来源：*The Libra Blockchain*，Calibra（2019）。

这种结构的另一个优势在于，可以方便地追溯数据库任意一个账户在任意一个历史时刻的状态。尽管 Libra 账户与用户真实身份并不挂钩，但出于方便监管的考量，一旦账户出现异常行为，其所有的历史状态理论上都可以被监管机构快速获得，这点就类似于现实中的银行账户。如果 Libra 与现实储备资产的兑换也受到严格管控的话（具体模式未公布），其匿名性与比特币相比将大打折扣。这种特性无疑是一把双刃剑，一方面对用户而言失去了一些吸引力，但另一方面也压缩了非法跨境交易和洗钱的空间，对 Libra 的生存发展而言不无裨益。

（三）运营模式

1. Libra 货币的发行机制

根据该白皮书，Libra 立志成为一种"稳定的数字加密货币"。因此，Libra"将全部使用真实资产储备（这被称为 Libra 储备）作为担保，并由买卖 Libra 并存在竞争关系的交易平台网络提供支持"。

Libra所采用的模式有些类似于布雷顿森林体系时期美元与黄金挂钩的制度，或者香港等地区采用的货币局制度，抑或是国际货币基金组织创设的特别提款权（Special Drawing Rights, SDR）。其货币发行量不会主动新增，而仅采取被动发行的方式。Libra货币背后的价值由一篮子真实储备的现实资产所支撑。Libra的使用者需要使用现实资产按照一定比例来购买Libra，这也是发行增量Libra货币的唯一方法。

白皮书中并未说明是否可以直接向Libra协会购买Libra，但其明确表示可以通过"授权经销商"购买。这意味着Libra的发行机制将更多表现为"Libra协会——经销商"的二元模式，由Libra协会扮演"最后的买家"角色，类似于现实里央行和商业银行的关系。

篮子中储备资产的选择标准是波动率低、流动性良好的主权货币和政府证券。这样能够保证Libra和现实资产之间构成稳定可持续的兑换关系。

储备资产将用于低风险投资。投资所产生的各类收益并不会返还给用户，而是首先支付Libra协会的各项开支，剩余部分将作为回报支付给Libra的早期投资者。根据Libra自己的测算，由于储备资产所投低风险资产的预期收益率较低，因此早期投资者很难在短时间内获得足额回报。

2. Libra 协会的组织形式

Libra 协会注册于瑞士日内瓦，是一个非营利性的会员制组织。

Libra 协会的组织形式与其技术层面的网络拓扑有诸多相似之处。协会秉承去中心化的原则，所有重大决策均由理事会集体做出。各创始人同时也充当网络中的验证者节点角色，每个验证者节点只能向理事会指派一名代表。重大决策或者技术性决策采用 2/3 以上多数同意的办法，这与 LibraBFT 所采用的共识原理基本一致。虽然 Facebook 在 Libra 的发展过程中功不可没，但其在理事会中并没有特别权力，这亦是 Libra 体现去中心化的公平之处。

截至白皮书 1.0 版本公布，Libra 已有 20 余家创始成员，其中不乏 Facebook、eBay、Visa、Uber、MasterCard、Vodafone 等行业巨头。但据媒体报道，创始成员签署的仅仅是一个没有约束力的框架协议，且除 Facebook 外，其余成员尚未真正向协会出资。

（四）从 Libra 到 Diem

2019 年 6 月，Libra 1.0 白皮书发布。2020 年 4 月，Libra 更新为 2.0 版本。2020 年 12 月，Libra 更名为 Diem。2022 年 2 月，Diem 宣布完成出售核心资产，正式宣告项目结束。与最开始的公众预期完全相反，Libra 的发展历程非但不是愈发壮大，反而是个不断自我限制，"自证清白"的过程。尽管做出了最大努力，Libra 最终仍胎死腹中，甚至连进入沙盒测试的机会都没有等到。

1. Libra 2.0 相比 Libra 1.0 的几个重要变化

第一，Libra 2.0 放弃了"超主权货币"的自我定位，转而定位为支付系统。Libra 1.0 的设计类似于特别提款权，价值与一篮子货币挂钩，当时初步确定的篮子构成为美元 50%、欧元 18%、日元 14%、英镑 11%、新加坡元 7%。而 2.0 版本分为两种，一种与单一主权货币等值挂钩，比如一单位 Libra 对应一单位美元、欧元、日元等，相应的 Libra 币也就被称为≈USD、≈EUR、≈GBP 等；另一种则仍然保持与一篮子货币挂钩，但限定只用于跨境交易，被称为^LBR。通过这种设计，Libra 就把自己从超越于主权货币之上的位置降下来，在境内交易方面仅相当于一种"代金券"，跨境则也仅作为支付途径，尽力避免挑战各国主权货币的权威性。

第二，Libra 2.0 通过主动引入多种合规监管框架，进一步展现与现有监管体系的合作态度。为了迎合和适应反洗钱（Anti-Money Laundering，AML）、反恐怖融资（Combating the Financing of Terrorism，CFT）、"了解你的客户"（Know Your Customer，KYC）等常见合规框架，同时使得整个网络在监管机构看来合规可控，Libra 将网络参与者分为四种类型：第一种是指定经销商；第二种是已经在金融行动特别工作组

（Financial Action Task Force，FATF）注册的虚拟资产服务提供商（Visual Asset Service Provider，VASP）；第三种是虽然没有经过 FATF 认证，但 Libra 协会认定其符合 VASP 标准的服务商；第四种则是未经认证的其他实体或个人。前三种都存在较为完整的监管框架，能提供符合监管规范的托管服务，而第四种则是考虑到部分人群出于种种原因可能无法获得 VASP 服务商的服务，Libra 为他们提供了限制余额和交易额的有限服务。

第三，Libra 2.0 白皮书放弃了未来会向无许可系统过渡的提法。本来这一提法意在让更多有能力的竞争者参与到网络建设中来，为网络提供服务。但各国监管机构普遍担忧无许可系统意味着无规范和无监管，因此表示反对。在这种情况下，Libra 只得放弃该思路，但为了保持开放性，Libra 设计了一种成员更新机制——新进成员需要申请并接受尽职调查，现有成员则需要纳入考核体系，不能满足网络需求的节点将会被淘汰。

第四，Libra 2.0 强化了流动性管理的设计，以回应此前被普遍担忧的流动性风险问题。比如，Libra 要求储备包含 80% 以上期限小于 3 个月的政府证券，且这些证券的评级要求至少为标普 A+ 或穆迪 A1；其余 20% 储备则以现金和货币基金形式存在。同时，Libra 向瑞士金融市场监督管理局（FINMA）申请支付牌照，以期得到正规的支付运营许可。此外，流动性管理也将被纳入监管范围。单一稳定币的数量将与对应主权货币的资产储备严格保持 1∶1 的比例，以防止可能出现的挤兑和因挤兑产生的汇兑损失。

2. 从 Libra 2.0 到 Diem

由于 Diem 并未单独推出白皮书，因此其与 Libra 2.0 的区别只能从侧面来进行分析。Diem 网站上的介绍可分为四个部分。第一部分介绍系统的经济背景和储备方案设计，也就是 Diem 如何与现有主权货币挂钩，并通过怎样的储备方案来保证币值稳定和流动性安全。第二部分是对 Diem 系统技术部分的介绍，包括区块链、Move 语言、共识机制、网络安全机制等。第三部分是对系统合规性和消费者保护方面的介绍。第四部分则涉及参与者网络如何在保持开放性和竞争性的同时兼顾监管需要，也就是 Diem 整个网络如何壮大发展的问题。根据网站说明，四部分的内容均与 Libra 2.0 保持一致。由于这些部分涵盖了底层技术、运营设计、合规机制等最核心的模块，因此我们有理由相信，从 Libra 2.0 到 Diem 主要是名称的改变。据相关媒体报道，变化可能还涉及 Diem 推出初期只会与美元挂钩，而暂时不考虑其他货币。至于 Libra 更名为 Diem 的原因，更多还是出于说服监管机构的考虑，将在下一节详述。

（五）监管关注

与比特币完全不同的是，Libra 的创始投资人多为重量级跨国企业。在各国的监管态度变明朗之前，这些企业不会冒着与各国政府交恶的风险来强行推广 Libra。就连 Facebook 也在监管听证会上明确表示：在未获得监管许可前，Libra 不会推出。为此，Libra 在设计阶段就广泛听取各种监管意见，并针对比较集中的问题进行了深度调整。尽管如此，Libra 仍未得到各国监管机构的支持，尤以美联储为代表。

2019 年 9 月，Libra 负责人在瑞士巴塞尔会见了包括美联储在内的 26 家中央银行的官员，回答了若干关于 Libra 设计和使用的关键问题。然而，Libra 既然主要由 Facebook 牵头发起，美国政府的态度就成为该项目能否存续的关键。从历次听证会和监管隔空喊话传递的信息看，监管关注主要集中于以下几个方面：第一，Libra 在瑞士注册是否为了逃避美国监管，其开展全球化业务如何能够适应不同国家的监管环境？第二，鉴于 Facebook 在数据隐私和数据安全方面曾经暴露出重大风险，Libra 在这两方面的可靠性是否同样值得担心？第三，Libra 的商业模式是否稳定且可持续，以及会不会由于 Facebook 在社交网络方面的强大优势而产生联动效应，甚至于再造一个垄断巨头？第四，Libra 是否会完全匿名，是否会沦为洗钱和支持各种非法活动的工具？

基于上述监管关注点，libra 在 2.0 版本中进行了大幅调整。为了尽量避免受到 Facebook 用户信息泄露丑闻的影响，Libra 努力淡化其与 Facebook 之间的关系，并更名为 Diem。

Diem 应该是目前为止由非官方发起的数字货币中与监管机构沟通最为公开和密切的。这种做法本来可以成为其他数字货币的典范，即在现有监管框架下逐步对技术创新进行引导、规范，以期达到一种良性循环。但事与愿违，美联储的态度并未因 Diem 持续不断地深入沟通和自我限制而变得友善，最终甚至连上线试运行或沙盒试验的机会也没有。据媒体披露，美国财政部前官员，时任 Diem 首席执行官的斯图尔特·利维（Stuart Levey）认为"阻止一个有限的、法律允许的试点项目，而其他稳定币的项目却毫无节制地增长，这既不公平也不平等"。

站在旁观者的角度，利维的抱怨不无道理。当前全球存在着许多已长期运行的稳定币项目，这些项目往往横跨于国界之间，却游离于监管之外。诚然，金融创新往往会经历从野蛮生长到予以规范限制的过程，但如果一个项目能在设计之初就与监管机构进行充分沟通，为何不能予以支持鼓励并加以正确引导，反而对其处处限制，同时却对其他野蛮生长的同类产品视而不见？美联储针对 Diem 项目的各种回应都过于模糊，我们很难从其公开声明中得知其拒绝合作的真实原因。但这段经历无疑将使整个行业重新审视与监管的关系问题。究竟何种发展模式才能在快速崛起和合规经营之间取得平衡，仍然是摆在我们面前的一道难题。

三、Libra 的潜在影响：不确定性远高于确定性

尽管无论 Libra 还是 Diem 最终都只是停留在概念阶段，并没有机会问世运行，但其的确创造了一种值得讨论的概念体系和运行方式。虽然 Diem 本身已无力回天，但其给稳定币甚至各国都在积极推进的央行数字货币提供了大量的思考和实践素材。因此，我们依然可以沿着 Libra 和 Diem 提供的思路，探讨一下这

种模式的优势及局限性。

Libra 从创设之初就声称将致力于推进普惠金融。这个理由在当今世界似乎很容易产生共鸣。此外，挂钩一篮子主权货币，没有独立的货币政策，遵守各国监管要求，分散化的管理形式，这一设计无一不在尽力向有关各方示好。但是，Libra 真能如其所声称的那样普惠和无害吗？下文将从发展初期和发展壮大后两个阶段对其进行剖析。笔者认为，Libra 在发展初期由于规模所限，只能作为传统金融方式的补充，我们应当更多关注其是否能够达到其所声称的普惠效果；在具备一定规模后，不仅对于金融体系，也对于现有货币理论，Libra 的各类冲击将会逐步显现。

（一）发展初期的讨论：对 Libra 普惠性的质疑

Libra 白皮书对其希冀解决的问题做了如下描述："纵观全球，穷人为金融服务支付的费用更多。他们辛辛苦苦赚来的收入被用来支付各种繁杂的费用，例如汇款手续费、电汇手续费、透支手续费和 ATM 手续费等。发薪日贷款的年化利率可能达到 400% 甚至更高，仅借贷 100 美元的金融服务收费便可高达 30 美元。当被问及为什么仍然徘徊在现行金融体系的边缘时，那些仍'未开立银行账户'的人往往指出：没有足够的资金，各种不菲且难以预测的费用，银行距离太远，以及缺乏必要的手续材料。"

简言之，这段话中描述了三类问题：手续费繁杂、贷款利息过高、银行账户可得性低。根据上文对 Libra 运行机制的分析，其发行工作在用户端将更多依赖授权经销商。那么以下几个问题可能会成为影响其普惠性实现的关键：

第一，Libra 服务如何能覆盖没有银行账户的客户？对银行账户可得性低的用户而言，尽管可以通过网络快速开通 Libra 账户，但账户中 Libra 货币需要通过兑换或者他人转账获得。在没有银行账户的情况下，本国货币与 Libra 相互兑换大概率只能通过现金交易。经销商如何能建立如此强大的网络来满足现金交易需求？是否会产生非官方的 Libra 区域代理商，甚至在实质上演变为黑市？

第二，白皮书中用数个案例说明传统金融贷款利息高，这是否意味着 Libra 也有引入低成本的小微贷款服务的可能性？众所周知，作为支付系统和作为贷款机构，两者无论在牌照、管理模式、对金融体系的影响方面均存在显著不同。若其目前规划中就包含了贷款功能，已经公布的运行模式显然是难以与之匹配的。

第三，Libra 的综合使用成本是否比银行低廉仍有待讨论。区块链系统的确不涉及高额的转账和电汇费用，但其他费用依然存在。例如，Libra1.0 的储备由一篮子货币组成，这意味着用任何币种"申购/赎回"都需买入或卖出储备货币篮子，从而面临换汇费用，包括手续费和因汇率波动产生的换汇损失。尽管换汇工作大概率交由经销商完成，但产生的费用并不会凭空消失，只不过将隐含在 Libra 与各个币种的兑换率中。该费用对于本国货币为非 Libra 储备货币的用户而言或将更加明显。Libra2.0 的储备分为两种，一种是单一货币，一种是货币篮子，而货币篮子依然面临上述汇兑问题。其中的逻辑冲突在于 Libra 本来的设计是以单一币种打通境内和境外交易，同时避免相关费用。但在分裂为两个部分之后，同样会产生境内境外交易的币种切换问题，交易手续费可以免除，但汇兑损失仍不可避免。另外，Libra 并不生息，因此使用者持有 Libra 就要承担利息的机会成本，所损失的利息收入也同样需要计入 Libra 的综合使用成本中。

（二）具备一定规模后的讨论：Libra 对现有经济体系的潜在冲击

假设 Libra 真能顺利成为很多国家的主流数字货币，那么世界经济的现有秩序大概率将被打破。下文将从以下组织方式对 Libra 的潜在冲击进行推演：第一，Libra 将为小型经济体引入非国家化的货币局制度；第二，对大型经济体而言，更可能表现为 Libra 的货币乘数所带来的通胀压力；第三，类似于 ETF 基金的设计将产生大量中间状态的资产形态，这将导致 Libra 的流动性管理将给全球市场带来新的不确定性；第四，如果 Libra 开展信贷业务，将使问题更加复杂化；第五，除了金融市场，Libra 也可能对劳动力市场产生革命性影响。

1. 非国家化的货币局制度

货币局制度在全球范围内有诸多案例，有香港的成功案例，也有阿根廷的失败案例，但 Libra 这种跨国界的货币局制度安排尚属首次问世。对主权国家而言，在境内同时采用两种货币将会产生诸多问题。Libra 没有独立的货币政策，并不代表没有货币政策。锚货币的利率和汇率水平将在很大程度上影响Libra自身。尽管Libra宣称不会向货币持有人派息，因此无须担心利率问题，但它与其他货币的兑换比例将会始终处于动态变化中，即Libra的"汇率"问题暂时还无法避免。从实践角度看，货币局制度只适合特定类型的小型开放经济体，而Libra将其不加区分地强行引入各国，这是否会产生有益后果呢？

对小型经济体而言，问题或较为严重。为了维持币值稳定，Libra选择的储备货币必然是在全球范围内相对强势的若干币种（初步确定的篮子构成为美元50%、欧元18%、日元14%、英镑11%、新加坡元7%）。即便是2.0版本提供的单一币种Libra，也很难为小国货币提供专门定制，大概率需要用单一大国货币或者篮子货币替代。根据汇率形成机制，Libra与某国主权货币的兑换率将取决于Libra锚货币国家与该国的货币政策、国际收支和中长期经济发展状况。因此，某国主权货币可能与Libra形成较为稳定的兑换比例，也有可能形成背离。在单一货币的条件下，一国的货币即便再弱势，在外国货币与国内经济之间依然存在一定程度的隔离机制。但如果引入Libra，则会将强势货币直接导入境内流通市场。该做法可能会导致三个问题：

其一，国内计价体系采用双重标准，而这容易造成商品市场价格混乱。不同于IMF的特别提款权（SDR），Libra直接面对生产者和消费者。因此绝大多数原材料、半成品和产成品都可同时使用Libra和本币进行结算。若这两种货币不能维持相对稳定的兑换率，就会在商品市场造成混乱，导致价格失灵，进而向生产链上游传导，最终对该国流通环节和生产制造环节造成较为严重的影响。

其二，Libra 可能对本币产生挤出效应。这种效应非但不能普惠大众，反而会造成社会不稳定及财富转移。Libra 的底层资产是大国储备货币，与小国货币相比具有明显的稳定性和流动性优势。当两种货币可以同时使用时，居民自然会选择更便捷、更稳定的币种，也即所谓的"良币驱逐劣币"。兑换过程对应着该国本币在外汇市场卖出并买入储备货币，这将导致该国货币存在贬值压力。本币贬值将使其与 Libra 的兑换率变低，从而更加激励本国居民换取 Libra 以寻求资产保值。于是该国将形成这样一种尴尬局面：越早将手中的本币换成 Libra，便可以享受到相对越高的兑换率；越晚兑换则兑换率越低。一旦形成这样的局面，一方面将造成本币恐慌性抛售，另一方面也会在实质上导致社会财富的再分配，由晚兑换者（普罗大众）向早兑换者（先知先觉的富裕人群）转移。

其三，小型经济体或将失去货币政策独立性。当两种货币同时使用时，其兑换率需要尽量维持稳定，以保障市场平稳运行。但 Libra 背后对应的是若干大国货币，与其保持一致就要使得本国货币政策尽量服从于大国的货币政策，这等价于 Libra 把货币局制度强行引入这些小国。但由于国家间经济周期、经济结构与外部环境的明显差异，追随大国的货币政策可能将给这些小国带来显著的福利损失。

2. Libra 的乘数效应

对大型经济体而言，较大的经济体量或可在相当程度上避免上述小国面临的问题。但 Libra 的运行模式同样会带来新的挑战。笔者认为，其中 Libra 货币所具备的"乘数效应"或许最值得讨论。这个问题最早由麻省理工学院的 Alex Lipton 等人提出，但并未被冠以"乘数效应"的说法。在传统货币体系中，乘数效应是由商业银行通过连续不断的信贷活动产生的，市场上最终的货币供应量将数倍于央行发行的基础货币。Libra 没有信贷活动，是否意味着没有乘数效应？对大国（尤其是储备货币国家）而言，Libra 在向市场投放数字货币的同时也会用对应的储备货币来购买高等级债券等有价证券。换言之，这部分储备货币并未被储藏起来，而是重新回到了这些国家的金融市场，进入流通环节。此举等同于将用于购买 Libra 的本币在市场上复制了一倍，一半以 Libra 形式流通，另一半以本币形式流通，这将给上述国家带来一定的通胀压力。

3. Libra 的流动性管理

白皮书强调 Libra 不会对使用者付息，那么用户就面临两个现实问题：需要使用时余额可能不够；账户中闲置大量 Libra 又是一种浪费。因此，如何能够在闲置时尽快将 Libra 转为生息资产，在需要使用时又可快速变现，是使用者对 Libra 的基本要求。现金同样存在这个问题。但现金可在银行按需存取，其背后是银行体系高度发达的流动性管理系统。为了达到风险和收益的平衡，银行体系从监管层面对流动性管理有很强的约束，各银行自身也有一整套成熟的管理体系，才能满足各方的流动性需求。

在流动性管理方面，Libra 面临的情况更加复杂。如图 3-3 所示，整个系统涉及四种资产形态：各国法币、储备货币的组合、由储备货币投资的金融资产、Libra 货币。前三种都是现实资产，相互转换需要与全球金融市场产生现实的联系。当其体量足够大时，就会对金融市场施加重大影响。银行的流动性管理主要考虑不同资产类型的占比，以及与负债端的相互匹配。管理工作虽然较为繁杂，但主要基于同一币种，因此依靠境内的若干市场交易就可完成匹配。上述 Libra 的三种现实资产形态决定了其必须在多个国家的金融市场和全球外汇市场同步操作，不仅在资产端涉及不同国家不同类型资产的配比，更在负债端涉及不同币种间的流动性综合把控，其复杂度可见一斑。

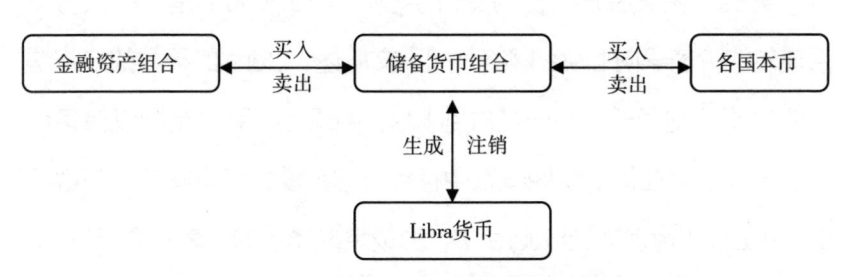

图 3-3　Libra 不同资产形态的转换过程

当 Libra 的规模足够大时，其流动性管理至少会对全球市场产生以下三方面影响：

第一，外汇市场波动性增大。各国本币与储备货币组合之间的兑换将较为频繁，并形成一股力量，使得各储备货币走势的一致性增强。但是作为储备货币的国家在经济发展阶段、货币政策等方面均存在较大差异，汇率走势本来未必趋同。Libra 带来的这种趋同力量会打乱外汇市场原本形成的定价逻辑，加剧市场波动。

第二，影响金融市场定价逻辑。尽管 Libra 储备货币可能不会追涨杀跌，但仍然会作为国际"热钱"的一部分来参与跨境资本流动。当储备货币组合转为金融资产组合时，会更加偏好高信用等级的低风险资产，从而导致这些资产的收益率下降。由于高信用等级产品往往是其他产品定价之"锚"（如美债），所以从效果上看，Libra 规模扩大将带动低风险金融产品收益率下行，带来信用扩张；而规模收缩又会导致大量低风险金融产品被卖出，造成收益率上行，带来信用收缩。这将给储备货币国家的货币政策传导带来新的冲击，进而增强了市场的不确定性。

第三，金融脱媒。作为支付手段，Libra 本质上是将在银行体系流转的价值导向 Libra 网络。如上文所述，Libra 的乘数效应将法币的价值复制了一倍：一半放到 Libra 网络上，另一半则以储备资产的形式继续在传统金融体系中存续。这种模式就将本该参与银行信用创造的货币脱媒至 Libra 中，形成金融体系的"表外资产"。此举无疑会使 Libra 与商业银行形成某种程度的竞争关系，降低银行在金融体系中的作用，从而使传统的金融监管模式面临较大挑战。

尽管在美国众议院听证会上，项目负责人马库斯竭力否认 Libra 是一只 ETF 基金，但其目前公布的运营模式与 ETF 的确有太多相似之处，尤其是都需要申购并最终都是购买资产组合。与 ETF 类似，Libra 理论上也存在两种获取方式：申购新的份额，或从二级市场购买转让份额。白皮书没有提及二级市场转让的方式，但从效率角度考虑，申购/赎回方式需要反复换汇并买卖资产，这将产生大量成本。因此，不如建立二级市场交易机制，在负债端进行微调，而不涉及底层资产的反复调整，这种方式有利于整个系统的流动性管理。但建立二级市场是否有利于保持 Libra 的币值稳定，也是一个有待讨论的问题。

4. 潜在的信用创造能力

尽管 Libra 目前声称只用于支付，但如果其规模扩大，我们并不能防止其提供一些带有信用创造功能的服务模块，如类似"微粒贷"或"花呗"的小额消费信贷业务。此类业务的模式可以非常灵活，可以不由 Libra 协会出面，而在经销商层面为用户提供贷款。我们甚至不妨大胆猜测，信贷业务是 Libra 发展的必由之路，因为如前所述，其在白皮书中就将部分地区贷款利息过高明确作为希望解决的问题。

如果 Libra 进行信用创造，无疑会给全球金融体系带来重大影响。在传统金融体系中，信用创造和货币发行是通过"央行—商业银行"两层结构相互配合来完成的。央行负责投放基础货币，并承担最后贷款人角色。商业银行直接面对终端客户，完成信用创造、吸收存款等一系列具体工作。在 Libra 系统中，协会和经销商的关系有可能也会演变成央行和商业银行的关系。一旦开展信用创造，首先意味着 Libra 系统具有了不通过上缴储备货币就新增资产的意愿和能力，即 Libra 不再与储备货币严格挂钩，其价值基础就发生了根本性转变——从稳定币变成类主权货币。Libra 协会将事实上成为超主权的央行。

那么，这种超主权央行是否会成功？货币是央行的负债。央行之所以能够发行货币，其底层有国有资产和未来税收作为价值支撑。布雷顿森林体系之所以最终解体（美元脱钩黄金），归根结底还是人们相信美国所掌握的黄金数量不再能够支撑其货币发行。但 Libra 一旦脱离了储备资产，底层并无其他价值基础。这就意味着 Libra 可能演变成典型的庞氏骗局，最终将难逃失败的命运。

因此，如果 Libra 想解决贷款可得性低和利率高的问题，自己创造信用的方式或许并不能带来好的结果。笔者认为有两种其他方式或可尝试：其一，Libra 与商业银行进行合作，担当支付工具和信息采集的媒介，使得银行将服务扩展至金融服务欠发达的地区。其二，由经销商先行按照 100% 的比例缴纳储备金，获取确定数量的 Libra 货币，再加上一定的利息或手续费转让给需要贷款服务的用户。用户在规定期限内以 Libra 或本币形式将本金偿还给经销商。这样，Libra 系统就不涉及信用创造问题，所谓贷款只是经销商将自己持有的存量 Libra 借出，也就避免了 Libra 与储备资产脱钩的问题。

5. 劳动力市场的再全球化

通信网络让当今全球化分工合作变得相当便捷。员工对工作场所的依赖程度变小。只要按时按量完成工作任务，在家办公（Work From Home）或其他灵活选择办公场所的方式越来越被广泛接受。但受限于工资支付、税收、社会保险等因素，目前大多数企业仍然需要在各地设立分支机构才能开展经营活动。引入 Libra 之后，企业在理论上完全可以通过单一实体总部管理全球员工，工资统一以 Libra 发放，税收及社保由员工自行找当地专业机构解决。比特币等虚拟资产虽然也可达到类似效果，但由于自身价值波动剧烈，并不适合充当工资发放的载体。Libra 背后的储备资产能在很大程度上保证其币值稳定，也能用于日常支付，更可抛开换汇问题实现全球统一发放，因此可为支付劳动报酬提供新的选择。

这种模式将使得目前劳动力市场的全球化程度向前迈进一大步。欠发达地区的劳动力将能通过互联网进入国际市场，从而一方面带动当地就业，另外一方面促使当地形成新的经济增长点。欠发达地区的劳动力往往具备成本优势，因此部分对受教育水平要求不高的工作完全可以转移到这些地区进行。目前已经有部分跨国企业正按此方式构建产业链（如远程客服中心、配套设计中心等），但规模和灵活程度还处于较低水平，产业转移成本也较高。通过解决工资支付问题，Libra 可以帮助欠发达地区的劳动力以构建虚拟团队的方式参与全球产业链，提高收入水平，并使得产业链的一部分落地发展，从产业角度实现 Libra 的普惠目标。

四、结论

本章通过对 Libra 原理的阐述，论证了其对全球经济的潜在影响。笔者认为，尽管 Libra 依靠现有设计没能得到各国监管的认可，但其重大意义在于，这是各国央行第一次集体接受严肃的全球化数字货币申请，也是全球第一次集体从实践角度系统地评估数字货币带来的影响。此一发端，接下来的或许仅仅是如何改变设计思路满足各方要求的问题。全球数字货币浪潮将会汹涌而至，甚至变得不可阻挡。

我国央行数字货币 DCEP 已率先起步。在中美竞争白热化背景下，笔者相信，美联储和其他各国央行也会迅速跟进。具体路径到底是改良 Libra 还是另起门户，只是形式问题。从比特币创世论文发表至今，数字货币经过十余年时间的发展，已从儿童步入青少年，仍显稚嫩但朝气蓬勃。

笔者大胆推测，数字货币并不仅仅是"货币的数字化"，更可发展为"数字的货币化"。数字货币为全球带来的影响不仅局限于替代纸币，而将是一系列目前为止不可预知的变革。数字资产本身的价值或将不再需要传统的包装途径，而直接通过数字货币实现"证券化"。在这个层面上，无论 Libra 还是 DCEP 都是先行者，它们手握变革世界秩序的钥匙，一扇大门即将打开。正如西美尔（Gerog Simmel，2018）在《货币哲学》中所述："它（货币）全部的目的不在于它自身，而在于转化为其他价值。"

第 4 章

数字人民币：技术分析、
能力边界及影响展望

本章提要

本章从概念和技术角度阐述数字人民币的运行原理，分析其能力边界，并针对数字人民币对若干领域的潜在影响进行逻辑推演。首先，数字人民币尽管当前被限制于M0替代，但其技术储备丰富，未来扩充增量功能的想象空间较大。其次，尽管数字人民币将以稳定为主基调，但其诸多独特优势仍将给货币政策、财政政策、境内支付、跨境支付及人民币国际化等领域带来不同程度的影响，并可能因此创设新的货币政策工具，进而促使货币财政关系等核心领域产生深远变革。再次，开放的技术路线和合作态度将帮助数字人民币逐渐发展为一个平台系统。在智能交通等领域的场景创新将使其与实体经济结合更加紧密、个性化设置能力更加突出，从而进一步鼓励创新以及创设全新附属产业，形成良性循环。数字人民币正在成为全球正规数字货币发展浪潮的重要推手，未来有望开启一个全新时代。

一、对数字人民币的误读

中国的央行数字货币（Digital Currency Electronic Payment，DCEP；或数字人民币，简称 e-CNY）是我国数字金融领域的重大创新。作为全球经济大国中率先大规模测试的央行数字货币，数字人民币甫一推出便受到全世界的广泛关注。国内外研究者更是将其与"中国崛起""一带一路""人民币国际化"等宏大议题相联系，将其看作我国通过数字方式向世界经济的一次扩张。但从目前的测试情况来看，实际状况与此前预期存在一定出入。不少问题仍需要进一步厘清。

笔者将有关数字人民币的文献大致分为两类。一类是专门讨论数字人民币的文献，以中国央行和国内学者发表为主；另一类是针对央行数字货币这一宏观概念进行较为宽泛的讨论，以国际组织、各国央行及国外学者发表为主。

在第一类文献中，中国央行官员及其他研究者对数字人民币进行了较为深入的讨论，可以归纳为以下四个方面。第一，数字人民币应起到部分替代 M0 的作用，暂不考虑加入智能合约。第二，中心化、弹性化和虚拟化是货币演进的趋势，央行发行数字货币应综合采取各种成功技术，而不仅仅是区块链技术（徐忠等，2016）。第三，央行数字货币可能成为新的国际货币竞争主战场。在未来一段时间内，不同国家的央行数字货币可能相互竞争、共同存在，但国际储备货币最终还是会集中到一种或少数几种央行数字货币上来（黄益平，2021）。第四，基于 DSGE 模型的实证结果显示，发行央行数字货币对我国银行系统和金融结构的冲击是可控的，而且央行数字货币作为一种新的货币政策工具有助于增强货币政策的有效性（姚前，2019）。

为了澄清当前社会舆论对数字人民币的普遍误读，周小川对若干热点问题进行了解释：其一，数字人民币的设计方向并非要取代美元并帮助人民币在储备货币地位和国际支付货币地位等方面实现实质性跨越，而是更加务实，从提高效能和降低成本的角度为国内支付系统提供更加成熟的方案；其二，尽管数字人民币将使人民币跨境支付变得更加便捷，但人民币国际化将更多取决于我国的改革开放进展，与数字人民币本身联系有限；其三，数字人民币由人民银行牵头，各机构合力推进，不存在市场上传闻的将取代现有数字支付渠道的说法（李愿和周小川，2021）。

中国人民银行数字人民币研发工作组亦通过发布白皮书的形式厘清了若干关键概念：第一，数字人民币与实物人民币都是央行对公众的负债，而非某些国家央行数字货币所采取的由运营商向央行提供全额准备金，之后运营商自己发行代币的形式；第二，数字人民币属于零售型央行数字货币，将致力于国内支付系统的现代化；第三，数字人民币兼容基于账户、基于准账户和基于价值三种形式；第四，数字人民币通过加载不影响货币功能的智能合约实现可编程性（中国人民银行数字人民币研发工作组，2021）。

第二类文献的讨论范围则较为宽泛。由于全球数字货币的实现方式千差万别，因此各类研究的起点和假设条件也各不相同，比如是否需要计息，是否由央行直接运营，数字货币与现金的比例关系等，不宜简单进行横向比较。尽管如此，仍然有两条主线值得持续关注。其一是国际清算银行（BIS）定期发布的全球央行数字货币（CBDC）调查，该调查可及时反映世界各国对CBDC的态度和最新进展，有助于了解全球宏观趋势。其二是分析CBDC对货币政策影响的相关文献。通过这些文献，我们可以梳理出在不同条件下CBDC对货币政策可能带来的冲击，从而为数字人民币的设计提供参考。

BIS 2021年的调查涵盖全球65家央行，覆盖全球72%的人口和91%的经济产出。其中60%的央行正在进行数字货币实验或者概念验证（Proof-of-Concept）。报告区分了零售型和批发型CBDC。前者定位普惠大众，提升支付便利性；后者则面向机构，突出跨境结算等业务的便利性（BIS，2021）。

在对货币政策的影响方面，全球研究成果较为丰富。针对不付息和付息两种情形，各类文献就数字货币对货币政策的影响展开了深入讨论。一些研究认为不付息的数字货币对货币政策的影响较小（CPMI和MC，2018；Bank of England，2020）。在比较间接的方面，如果CBDC账户不计息，由于几乎没有持有成本，因此利率约为零。在政策利率小于零的情况下，存款将转向CBDC，相当于为货币政策设定了利率下限，从而缩小了货币政策调控空间（Beniak，2019）。反之，如果CBDC账户计息，可通过对CDBC的利率设定下限，从而提供不受限制的货币政策空间，有助于促使央行降低通胀目标（Bordo 和 Levin，2017）。此外，央行直接运营的数字货币为家庭提供了传统银行之外的选择，有助于提升银行作为中介的效率，增加贷款和总产出（Andolfatto，2021；Chiu et al.，2023）。通过 CBDC 的传导，在开放经济中将放大各类冲击的溢出效应，同时由于这种连通性降低了各国的货币政策自主权，国际货币体系的不对称性将随之增加（Minesso et al.，2022）。此处仅对相关文献略作列举，后文将针对数字货币如何影响货币政策这一主题进行专门分析。

本章的研究延续了笔者针对比特币以及 Libra 的研究风格（杨晓晨和张明，2014、2019），尝试从以下三个方面对数字人民币进行阐述：第一，厘清数字货币的通用设计思路，对一些基本概念进行介绍；第二，盘点数字人民币的技术基础，从技术角度剖析关键概念和技术演进路线；第三，探索数字人民币的能力边界，展望数字人民币的潜在影响。本章将对数字人民币的当前设计和未来潜在增量功能进行分析，探索其对货币政策、财政政策等方面可能产生的影响，并给出整体性评述。

二、数字货币的通用设计思路

首先，我们不妨对照中国人民银行数字人民币研发工作组的描述，对数字货币的基本概念和通用设计思路进行简短梳理，以便对其形成初步认识，为进一步的讨论提供基础。

（一）法偿性

一种货币拥有法偿性，代表了其由货币当局发行（不局限于中央银行），受到国家信用支撑，是国家认可的法定货币。以此作为区分，数字货币可大体分成两类：由货币当局发行的，往往直接计入货币当局负债，天然具有法偿性；由商业机构自行发行的则有些对应机构负债（如 Diem 等），有些依赖自身的稀缺逻辑获得价值（如比特币等，尽管其实际价值存在争议）。其中，对应商业机构负债的数字货币也分为两种：一种是由商业机构在央行缴存 100% 准备金后发行等值的货币，这种形式等同于将央行负债进行置换，对法币在形式上做了替换，但法律关系上公众持有的仍然是商业机构负债；另一种由商业机构发行，底层资产是某一国或多个国家的法币及政府债券等资产。通过一系列资产组合和投资运营，稳定币可以对应足值底层资产，以解决比特币等加密货币完全无底层资产支撑的问题。

我国数字人民币属于货币当局发行的法定货币。与实物人民币一样，数字人民币是央行对公众的负债，以国家信用为支撑，具有法偿性。

（二）中心化

早期的数字货币普遍采用了去中心化的记账和管理体系，但这并非唯一途径。对央行背书的数字货币而言，中心化的管理模式是更为现实的选择。去中心化管理的核心优势在于防篡改、多重备份、匿名等，而劣势在于交易验证缓慢、给反洗钱带来困难。央行数字货币建立在相对可信任的交易网络上，同时出于效率考虑，没有必要采用比特币那样费时费力的认证手段。中心化的管理方式亦便于央行实时掌握数字货币的交易及分布情况，便于实时对违法犯罪活动进行监测。至于多重备份的安全防护功能，通过分布式存储和恰当的灾备设计也能达到同样的效果。

（三）应用范围

以应用范围划分，数字货币大体可分为批发型和零售型两类，批发型数字货币主要面向金融机构之间的交易和清算等；而零售型数字货币则面向普罗大众，以日常支付功能为主。我国央行数字货币优先立足于零售型数字货币，核心功能在于满足公众日常支付需要，可以完善国内支付系统。

（四）货币层次

数字货币是否付息，是否参与信用创造，虽然从技术实现角度不存在实质性障碍，但对金融系统的影响则大不相同。大体而言，数字货币依然可以遵循传统的货币层次划分，根据流动性划入 M0、M1、M2 等。活期和定期存款虽长期以来就以数字形式储存在银行系统中，但其内涵与本章希望讨论的数字货币存在一定差距。因此我们所探讨的数字货币主要分为两类：一类不付息，只替代纸币；另一类付息并参与信用创造。后者对金融体系的影响远远大于前者。

当前数字人民币只替代M0，也即只替代部分实物人民币（与实物人民币长期共存），不付息，对金融系统产生的影响相对较小。

（五）价值承载

数字货币可以基于账户（Account-Based），也可以基于代币（Token-Based）。基于账户的数字货币在交易时需要对账户进行识别，交易在两个账户间进行，类似于银行转账的方式。基于代币的数字货币则将价值存储在某个载体中，交易时对载体本身进行确认，而不管持有者是谁，颇为类似目前现金的使用方式。数字人民币基于账户，但并非传统银行账户，而是"数字钱包"，属于广义上的账户概念。数字钱包的具体模式将在后文详述。

（六）发行及管理层次

央行数字货币的发行和管理方式可以有多种组合，较为可行的有两种：一是央行独立负责货币发行和后续管理，不借助其他机构的力量；二是采用双层体系，央行负责向指定机构发行数字货币并进行管理，指定机构负责为社会公众提供兑换和流通服务。数字人民币选择了后者。与前者比较，后者一方面可以减轻央行的管理压力，在公众和央行之间竖起一道防火墙；另一方面也可以防止央行直接进场挤出金融机构，避免数字货币发行脱离银行体系，即"金融脱媒"。

（七）匿名性

以比特币为例，其设计初衷把匿名性作为核心优势之一。尽管比特币没有得到广泛认可，但因其开发较早，之后出现的法定数字货币也难免要在匿名性方面与之比较。比特币属于上述基于代币的类型，但匿名性并不是该类型的数字货币的必然选择。

实际上，匿名是区分层次的。对所有人匿名也就意味着对监管和法律匿名，由此被认定为非法也是一个必然的结果。一种兼顾合法性和隐私保护的方式是"有限匿名"，即交易双方可以匿名，对运营商亦可以匿名，但对央行保持开放。在这种情形下，即便交易一方与运营商串通，交易另一方的隐私也可以得到保护。数字人民币即采取了这种方式。

央行从反洗钱和"了解你的客户"（KYC）等合规角度出发，对全部交易保留核查和追踪权，使违法犯罪活动无所遁形。与纸币相比，这些措施的效果是显而易见的。虽然目前银行对于大额存取纸钞的冠字号码已全部记录在案，但对提取之后的流通过程尚无法控制。比如，有些经济案件就揭露了犯罪分子会通过直接保存纸币，而不再存入银行来躲避相关监管的做法。换成数字人民币后，资金每一次转移都将被记录在案，完全匿名的资金划转途径将会越来越少。曾经的监管真空地带将被极大压缩。

三、数字人民币的技术基础

数字人民币并非空中楼阁,而是构建于技术基础之上的。抛开技术基础来谈上层应用,难免会对数字人民币的能力边界产生误解。从中国央行官员的公开讲话来看,他们既希望市场关注数字人民币,又不希望市场在推行初期对其抱有过多幻想。因此,本章将从技术入手,探讨数字人民币的核心概念和技术。以下,我们将从架构演进、关键概念与技术等方面来分析数字人民币的技术基础。

(一)架构演进

我们将从原型系统和演进系统两个方面对数字人民币系统的架构演进展开分析。

1. 原型系统

2018年,数字人民币的原型系统结构对外发布,简单来说,其整体结构为"一币、两库、三中心"(姚前,2018),如图4-1所示。具体而言,"一币"是指央行数字货币,这是整个系统的核心和目的。"两库"是指"数字货币发行库"和"数字货币商业银行库"。两者分别是央行和商业银行存储数字货币数据的数据库,由央行和商业银行分别维护,类似于纸币发行过程中的央行发行库与商业银行业务库。"三中心"包含认证中心、登记中心和大数据分析中心。认证中心的主要功能是对用户身份进行认证管理和证书颁发。登记中心负责数字货币的全流程（发行、转移、回笼等）登记工作，并将登记结果通过分布式账本进行发布。大数据分析中心是整个系统风险管理的重要组件，负责 KYC、AML 等工作，并可以根据需要加入其他风控功能。

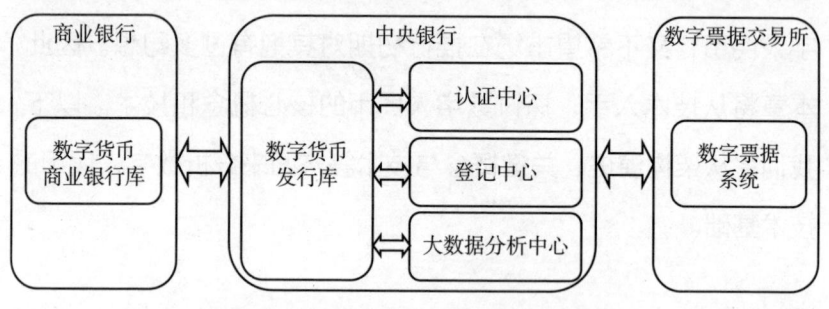

图 4-1 央行数字货币原型系统简化结构

资料来源：笔者根据中央银行数字货币原型系统实验进行适当简化后自行绘制。

该原型系统展示了数字人民币的几个基本理念。第一，系统采用了"央行—商业银行"双层发行架构，可以避免央行直接面对终端用户从而对商业银行经营产生不利冲击，并能继续利用银行现有基础设施。第二，未来数字货币登记大概率采用分布式账本方式，以类区块链方式在系统内不同数据库之间进行同步。第三，数字货币在原型系统内的发行采用与商业银行存款准备金等额兑换的模式，即发行数字货币对应等额扣减存款准备金，回笼数字货币对应等额增加存款准备金。这一过程与目前纸币发行程序保持一致，进一步明确了数字货币仅替代 M0，不对货币发行总量产生影响的理念。第四，系统中包含了与数字票据交易系统的接口，意在实现数字票据交易的券款对付（Delivery Versus Payment，DVP）功能。这也可算作数字人民币尝试搭载智能合约的市场应用。

2. 演进系统

新闻报道等公开资料披露，新系统共有四个节点：中心管理系统、数字货币投放系统、额度控制系统、货币终端（见图4-2）。其中，中心管理系统负责接收数字货币投放系统的货币生成请求，并根据一系列校验规则分配数字货币额度。数字货币投放系统在发送请求并获批准后，具体负责生成数字货币，并发给货币终端。额度控制系统负责对中心管理系统发给数字货币投放系统的额度凭证进行校验，应用不同规则检验所获额度是否超出预设标准。货币终端则是用户接收和使用数字货币的载体。

数字货币投放系统与额度控制系统共同构成"第一投放系统"。第一投放系统与中心管理系统再度结合，构成"第二投放系统"。

与原型系统相比，新的系统模型进一步明晰了各节点的功能。尽管新系统的说明中没有明确各节点与原有"两库、三中心"的关系，但一种合理推测是：中心管理系统位于中央银行侧，第一投放系统位于商业银行侧，货币终端位于终端用户侧。各节点在功能上是原有设计在一定程度上的重新整合。

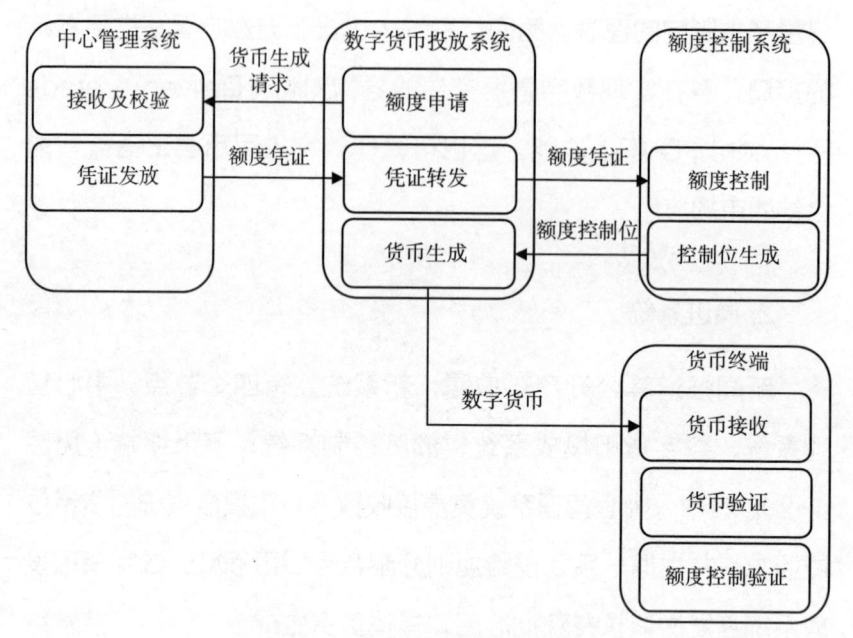

图 4-2 央行数字货币系统方案

笔者认为，原型系统和新系统之间并不是简单的升级关系，而是各有侧重。原型系统更加侧重于数字货币系统央行内部功能的模型化，勾画了内部系统应用的大致图景。而在新系统中，系统的商业银行端如何建模成为关注焦点。当然，由于目前实际系统仍处在研发测试阶段，系统框架和交互流程仍然高度保密，我们只能依据现有公开信息进行上述推测。

（二）关键概念及技术

央行数字货币研究所所长穆长春公开指出："数字人民币和第三方支付是两个维度的事情。数字人民币是钱，是工具；钱包是载体，是基础设施。数字人民币钱包和其他钱包一样，都是基础设施，是载体。第三方支付作为载体和基础设施的功能没有发生变化，依然可以作为数字人民币的载体。"

从上述阐释不难看出，央行目前主要强调数字人民币的法定内容属性，而对运营渠道等市场属性保持开放态度。央行只需对关键技术和流程进行梳理，相当于制定了一套标准，参与者照此标准实施落地即可。

1. 数字货币载体及支付方式

央行曾对数字货币的载体统一使用"数字货币芯片卡"或"可视数字货币芯片卡"的概念。数字货币芯片卡可以有多种形态，如可视蓝牙 IC 卡、IC 卡、手机 -eSE 卡、手机 - 安全 SD 卡、手机 -SIM 卡等。以上均为实体卡形态，生产制造由央行授权并全程监督。获取该实体卡需实名认证，类似于当前银行卡的获取过程，以保证用户和卡的安全性。据新华社报道，上海交通大学医学院附属同仁医院的员工食堂里，脱离手机的可视卡式"硬钱包"首次亮相。"硬钱包"外观类似于公交卡，但预留了一小块显示窗格，用于显示卡余额等信息。医生们通过数字人民币"硬钱包"，实现点餐、消费、支付一站式体验（刘颖，2021）。这种实体卡主要针对手机等智能终端使用有困难或不宜携带的场景，体现了数字人民币的便利性。

当然，实体卡只是数字人民币的载体之一。在实际测试中，智能手机 App 仍然是承载数字人民币的首选。官方开发手机

App 用于支付并非数字人民币独创。2017 年，中国银联组织各商业银行和支付机构共同开发了"云闪付"App，用于手机收付款。云闪付基于现有银行账户体系，与数字人民币的数字钱包体系有着明显区别。但二者同样将手机 App 作为支付载体，在支付技术方面也就存在相似之处。由于系统硬件、软件差异较大，手机支付存在以下多种解决方案。

其一是硬件方案，即通过安全芯片（Secure Element，SE）来存储用户私钥等保密信息。SE 通常有三种形式：一种是在手机中嵌入专门的 SE；第二种是在 SIM 卡中集成 SE 模块；第三种则是通过在 SD 等存储卡片中集成 SE 模块来实现相关功能。安全芯片通过硬件加密的办法实现对隐私信息的加密、鉴权等操作，等级较高，安全性较好。但该方式需要硬件支持，要么需要手机自带安全模块，要么需要特制的 SIM 卡或 SD 卡，无论在成本还是申请效率上都面临一定的掣肘因素。

其二是软件方案，可细分为两种模式：一种是当前支付宝等第三方支付常用的二维码方式；另一种则与上述硬件方案同源，基于近场通信技术（Near Field Communication，NFC），表现为"碰一碰"等非接触式支付。二维码基于图像识别技术，通过对特定区域进行涂黑和留白来表示"0""1"信息流，从而在扫码后获得相应的 URL 地址或 Token 等信息。NFC 方式与上述硬件方案基于同样的前端技术，都采用了非接触式的射频识别技术，只不过后端无需 SE 硬件安全模块，而把相关功能上推到云端，由云端进行敏感信息存储和鉴权等操作。该模式相当于由云端模拟手机安全芯片的功能，因此也称为HCE（Host Card Emulation）技术。

从数字人民币的测试情况来看，上述硬件和软件方式均有涉及。使用数字人民币收付款，既可以通过手机"扫一扫"二维码，也可以用手机"碰一碰"支付，同样可申领硬件实体卡"刷一刷"。这充分说明数字人民币对于底层载体具有充分的包容性。未来不同的应用场景或不同的运营商可能会使用不同的支付手段。数字人民币在测试阶段就支持全部现有主流载体和支付手段，为相关参与机构未来的商业化运作提供了坚实的基础。

2. 数字钱包

数字钱包是数字人民币的存放容器。与传统银行账户相区别，数字钱包具有有限匿名、分层管理等特点。数字人民币钱包在不同维度有不同的分类。各个分类相互组合，就构成了"数字人民币钱包矩阵体系"（穆长春，2021b）。

具体而言，分为个人钱包和对公钱包、软钱包和硬钱包、母钱包和子钱包，并根据实名强度进行分级限额管理。最低权限的数字人民币钱包属于匿名钱包，余额限额1万元、单笔支付限额2000元、日累计支付限额5000元。用户也可选择升级钱包，在上传本人有效身份证件信息及绑定银行账户信息后，余额上限会提升至50万元，单笔支付限额升至5万元、日累计支付限额10万元。

可以看出，数字钱包在数字人民币体系中的作用类似于银行账户在传统银行体系中的作用。数字钱包既是用户使用的窗口，也是运营方管理的平台。数字钱包的开通、查询、维护及注销等操作在数字人民币体系中颇为重要，经历了由简单到复杂，由单一到分级，由依附到完整的变化过程。如果以时间划分，数字钱包概念的发展大致分为三个阶段。

第一阶段，用户需通过已有的银行账户来申请开通数字钱包，并指定银行账户与数字钱包的绑定关系，后续维护操作也可通过银行账户进行。这一时期，数字钱包无疑被定位成银行账户的附加产品。对数字钱包的开通、使用和注销等操作，均以银行账户的访问控制系统为前端。而数字货币系统则被安排在后端，看起来更像是银行账户提供的一个服务模块。这样做的好处是可以充分利用现有银行账户体系和IT系统，实现数字钱包的快速上线部署。但不利之处在于钱包过于依赖银行账户体系，导致其失去M0的匿名、离线等关键特点。

第二阶段，数字钱包和银行账户体系相剥离，仅做关联、绑定。数字钱包开始追求在日常使用过程中的独立运作，全面实现基于终端环境的钱包的完整功能，包括底层完整的、高安全级别的安全密钥认证，数字货币实际保管，数字货币真实在钱包之间转移等功能。在此框架下，数字钱包与银行账户相互独立，不再作为银行账户的附属品或补充功能，使用数字钱包的体验就可以更贴近日常使用现金，而非银行转账。

第三阶段，数字钱包的开通过程引入用户行为识别技术，并根据用户行为识别结果和用户身份认证结果为用户选择不同种类的数字钱包，实现数字钱包的矩阵化管理。这一阶段体现了对用户进行分类、分层管理的思路，根据用户等级和特点授予不同的权限，进行差异化服务。比如对仅需小额支付的用户简化钱包身份认证和开通流程，功能更简单，匿名性更强；而为大额支付用户提供更多功能选项，但需要强化身份认证和用户画像。这些安排使得钱包的设定更加符合用户需求，也为提供定制化的服务预留了空间。

由此可见，数字钱包向着由依附到独立，由通用到定制，由封闭到开放的方向演进。钱包的设计和运营，可能也是未来商业运营方展现能力和定制服务的重要方面。

3. 区块链

央行不止一次对外表态，数字人民币在技术上采取开放心态。尽管基于区块链技术的比特币目前不被央行认可，但杨晓晨和张明（2014）认为，区块链技术本身是中性的，不能因为比特币就全盘否定区块链技术的价值。从公开表态来看，数字人民币对于区块链技术采取了吸收利用的态度，尤其是对其安全性和分布式特性加以利用。

从功能来看，数字人民币在认证、授权、记账等方面都可与区块链产生联系，具体可体现在节约对共享空间的占用、网络节点管理、文件加密、共享文件授权、在区块链中注册和执行智能合约等方面。

4. 数字人民币的发行

数字人民币发行方式与传统纸币存在显著区别。

纸币的发行过程为：中国印钞造币总公司按照央行指令进行人民币纸钞的生产印刷，之后运到人民银行发行库，作为人民币发行基金。根据商业银行的需求，纸币从人民银行发行库转移到银行机构业务库，之后通过商业银行网络进入市场流通。纸币的回收过程为上述流程的反向操作。

与数字钱包类似，数字人民币的发行流程设计同样经历了三个阶段：

第一阶段属于数字人民币原型概念阶段。其大致发行流程为：商业银行向央行数字货币发行系统发送发行请求。数字货币发行系统在对请求进行核查无误后，通知中央银行会计核算数据集中系统ACS（Account Central System）扣减准备金。在收到ACS扣减准备金成功的应答后，数字货币发行系统开始生成数字人民币，并发送至商业银行系统。该流程简单易懂，但很多细节还不完善，可视为数字人民币发行的原型系统。

第二阶段体现为数字人民币发行更加智能化和精细化。在传统的货币发行流程中，发行量和发行对象都只能粗略控制。由于纸币缺乏实时监督的反馈，审批时的预估情况和最终效果之间往往差距较大。因此，以往的货币管理集中于流量控制或总量控制，难以像央行期望的那样精准投放，实施"滴灌"。因此，数字人民币这一新工具就成为研究改进货币投放方式的重要载体。

据新闻报道，数字人民币投放触发条件分为四种。其一是基于经济状态触发，即通过实时的经济指标条件对贷款利率进行调整，逆周期调节金融机构的行为，减少机构行为的顺周期性，避免流动性陷阱。其二是对发放的数字人民币设置生效条件，只有在满足一定贷款利率的条件下才能生效使用，从而即时将基准利率向贷款利率传导，增强货币政策的有效性。其三是对数字人民币设置时点条件，在满足某个时点的某个条件后才能生效使用，从而解决现有货币政策只针对当下情况，而实施政策到资金落地之间条件可能发生变化的问题。其四是对数字人民币设置流向条件，只有货币流向指定主体的时候才可生效使用，从而实现针对特定行业特定主体的差别化管理（也即所谓的"滴灌"）。

第三阶段体现在数字人民币结构的变化方面。新的结构引入了"额度控制系统"，独立于数字人民币投放系统，也非上述ACS系统。新的投放方式与上述整体系统的结构变化相对应，设计更加具体、务实。

5. 智能合约

白皮书强调，数字人民币通过加载不影响货币功能的智能合约实现可编程性。其中重点在于"不影响货币功能"。之前央行一度表态不支持数字人民币携带智能合约，核心顾虑在于担心其降格为有价证券，失去法定货币地位。白皮书对于如何防止其降格为有价证券、如何判定智能合约是否影响货币功能并未展开详述。笔者认为，央行从反对到支持的态度的逆转应该是看到了智能合约的广阔前景，但针对一些具体问题可能暂时不会给予明确定义，而通过试验方式验证后再予以推广。

从技术角度看，实现智能合约的方式大致分为两种：其一为直接改造核心系统，其二为在核心系统之外另挂一个增量智能合约模块。笔者认为，数字人民币更有可能采取第二种方式，即通过单独的智能合约系统来实现可编程功能。智能合约系统通过一个严格受控的接口来访问核心系统，以达到某种条件下的资金划转的目的。这样就实现了智能合约与核心货币功能的相对隔离。尽管如此，仍有很多问题值得探讨，比如接口如何设计才能保证智能合约不会对核心系统进行侵入，又如智能合约系统需要通过怎样的验证程序才能被允许与数字人民币进行绑定等。

6. 银行间结算

在当前阶段，数字人民币定位于纸币替代，与银行间市场似乎关系不大。但数字货币系统在原有银行清算网络之外增加了新的网络和节点，无疑可以对现有网络功能进行补充完善。

当前，银行间清算体系分为中央清算网络和转接清算网络。中央清算网络为银行的集中清算机构，银行在其开有结算账户，通过集中方式进行清算。转接清算网络则以 SWIFT 为代表，结算工作以若干核心银行作为枢纽，其他银行通过核心银行的中转实现相关操作。传统银行间存在网络缺乏点对点通路、资金划拨链路长、跨境结算效率低等问题。利用新的数字货币网络在各个节点之间建立点对点连接，减少若干中转环节，的确有助于提高效率。

从目前的测试情况来看，数字人民币在不同银行账户之间结算将主要采取中央清算的方式。这种方式虽然不如点对点方式直接，但能够避免业务纠纷和系统重复建设问题。当前数字人民币仍处于测试初期，总体实现思路以简单有效为准。未来利用数字货币网络改进现有清算网络的必要性与具体方式，仍然需要进一步探讨。

7. 车联网

当前智能交通和车联网全面发展，激发了数字人民币在这一领域的场景创新。比如，当前车辆加油、充电或者停车虽然普遍应用了自动计费系统，但用户仍然需要通过扫码等方式完成支付。此过程的用户体验优于使用纸币，但弱于 ETC 等自动支付系统。再比如，当前导航系统可以完成到某地停车场的指引，但无法实时更新停车场排队信息，更无法预约车位。此类需求往往都是由于同一场景下多个系统无法互联互通导致的。此时，数字人民币可以作为一种调和剂接入场景，可以连通各个系统，完成自动预约车位、多场景自动付费等便捷体验。

四、数字人民币的潜在影响

在全球经济格局尤其是中美竞争格局重构的大背景下，数字人民币的推出受到了全世界的广泛关注。作为主要经济大国中首个全面推广数字货币的国家，中国的举措很难不让人将其与"一带一路"、中美科技之争等议题相互联系，引发了诸多猜测。为此，中国央行通过官员讲话和白皮书等方式反复强调，数字人民币在初期只用于替代 M0，暂不考虑其他功能，并对技术路线和参与方持开放态度。但通过上述技术分析不难看出，央行在技术储备上的努力远不止如此，但也绝非没有边际。为此，笔者从技术角度出发，整理了数字人民币的若干潜在影响，尝试厘清数字人民币的能力边界，亦为后续演进提供参考。

（一）对货币政策的影响

关于数字货币如何影响货币政策的问题，应根据数字货币是否付息分两种情况进行讨论。

如果不对数字货币付息，则目前很多研究的结论是较为一致的，认为这种模式对货币政策产生的影响较小。有观点认为，数字货币更像是央行票据，无法被用作货币政策工具（Meaning，2018）。笔者认为，从货币发行量的角度，如果商业银行的每一笔发行业务都要扣减 100% 准备金，数字货币对整体货币发行量不会产生实质性的影响。

另外，电子化的发行和使用方式理论上会带来货币流通速度的提升，从而通过费雪方程式影响经济。但笔者认为，微信、支付宝等渠道已使电子化支付足够普及，新增数字人民币的支付方式对于货币流通速度的影响有限，对经济的直接影响仍然较小。

但不付息的数字货币对货币政策也并非完全没有影响。由于纸币只有在接触银行时才能被监测，因此目前对 M0 的实时分布情况进行监测仍十分困难。而基于数字货币的实时可追踪性，央行理论上可以全局掌握 M0 在经济中的详细分布和流通速度。结合账户资产的统计情况，央行就能对各行业的流动性状况进行较为可靠的评估。这个优势对于货币政策实施效力而言，具有一定意义。把 M0 分布情况和流通速度从"黑箱"变为完全可见，有助于更及时更详细地微调货币政策，从而变得更精准，传导效率更高效，流动性管理更可靠。

如果未来对数字人民币的使用者付息，则情况将会发生重大转变。

第一，数字人民币无疑将成为一种新的货币工具。如果数字人民币绑定有条件生效的功能（如特定投向、特定时间、特定利率等），加之银行账户反而不具有智能合约功能，银行就可能将贷款通过数字人民币发放。在目前的市场上，贷款基本不会通过发放现金的形式给到融资人，对这种模式的讨论就相对有限。实际上，银行通过现金的形式发放贷款，将与非银行机构借贷（如民间借贷等）的过程类似，都不会通过派生存款的方式创造新的货币[21]。那么，这种通过数字人民币放贷的方式就具有了一种特别的优势：既可以精准投放，又不通过货币乘数增加货币总量。这便创造了一种新的货币工具，实现了往往只有通过财政政策才能达到的效果。更进一步来看，当这种模式被银行广泛使用后，现金漏损率将会提升，从而降低货币乘数，整个金融体系的货币创造结构也将受到影响。那么，届时经济是否会面临紧缩，央行又是否应当对这种表面上的紧缩进行对冲，且采用何种途径对冲，都将成为一个非常有趣的话题。

第二，数字人民币由于提高了人民币流通的透明度，天然就具备提高货币政策传导效率的功能。如果未来央行对数字人民币付息，则可能进一步创设一种流动性管理工具，尤其是作为日内流动性管理或者隔夜市场操作的工具。尽管如此，目前货币市场流动性工具对于货币政策的传导效率来说已经较高，增加央行数字货币选项对于继续提升效率的意义如何，仍需要在实践中检验。

第三，数字人民币可以帮助构建政策利率的下限。即便是无息的 CBDC，实际上也可以提高利率下限，因为它不承担当前适用于银行票据的存储成本（Armelius et al.，2018）。由于现金的利率为零，且存储及使用大额现金均有一定的成本，因此现金往往可以被视为是负利率的。转向 CBDC 无疑可以提高这一利率水平。瑞典央行指出：央行通过设定 CBDC 利率，能够更加有效地影响市场利率，从而增大货币政策空间。CBDC 几乎没有持有持本，因此一旦付息，公众可能更愿意转向持有 CBDC 作为底层流动性工具，从而 CBDC 的利率在实际上就构成了政策利率的下限。根据美联储的研究，在市场需求较为强烈的情况下，兑换 CBDC 的行为甚至可能造成储备金供应短缺，从而给联邦基金利率造成上行压力，反而需要动用其他短期货币政策工具来对利率进行调整（Malloy et al.，2022）。

第四，数字货币付息可能会加剧金融系统的不稳定性。很多研究都关注到了这一问题，但更多聚焦于金融脱媒方面（穆长春，2021a）。其实数字货币付息无异于央行直接面向储户吸收存款，在利率与商业银行短期存款利率相差无几的情况下，CBDC是央行的直接负债，无疑具有更大的安全性和吸引力。笔者认为，除此之外还有一点值得关注。《存款保险条例》明确规定，存款保险最高偿付限额为人民币50万元。尽管之前破产的包商银行等机构通过央行和存款保险基金共同努力，基本保障了储户本息全额兑付，但未来金融机构风险情形将更加复杂，全额兑付大概率不能保障。那么一旦某银行出现风险，在数字货币付息的情况下，将50万以上的存款（银行的负债）转为数字人民币（央行的负债）就是相当实际的选择。这种转换本质上就是线上版的排队支取现金，无疑形成了挤兑现象。但由于线上渠道比线下排队更加方便，挤兑也将更快形成。

第五，数字人民币付息可能会在贷款数量和产出等方面产生作用。通过一般均衡模型可以推出，CBDC付息可以使银行提高存款利率并扩大信用创造。以美国为例，可使银行贷款增加1.57%，经济产出增加0.19%（Chiu et al., 2023）。当CBDC发行量占到GDP的30%时，可以让经济产出增加6%，福利增加2%（Kumhof et al., 2023）。尽管如此，CBDC付息在一定程度上挤出了存款，由此给银行体系融资成本和金融稳定性带来何种冲击仍然无法预测。

第六，央行与金融机构的关系可能需要重新定位。当前，结构性货币政策工具更多还是通过引导金融机构的行为，来达成货币政策的意图。数字人民币是对货币本身的创新，结合上述讨论，未来货币政策或将不再需要引导金融机构或通过市场化操作来实现，从而变得更加直接有效。在此过程中，货币政策实施必将面临新的理论和路径革新，在传统实施路径上的一系列机构关系也将面临新的定位。

第七，发行数字人民币可能会对国际货币体系带来一定的外溢性。如果CBDC设计为非居民也可以使用的话，则一国发行CBDC会给其他国家货币政策的自主性带来一些挑战，比如为了应对别国的CBDC冲击，需要被动调整自己的货币政策，这就增加了国际货币体系的不对称性（Minesso et al., 2022）。从这个角度出发，先发行CBDC的国家将有可能产生先发优势。但由于这些结论是基于一个两国DSGE模型进行的模拟，尚未经过真实世界的实证检验，因此尽管问题值得讨论，但结论尚不明确。

综上所述，笔者认为，如果数字人民币付息，将出现若干因素的博弈，使得最终效果难以明确。其中正面因素有三：其一，透明度提升，便于监测；其二，替代现金，能够将政策利率直接传导给零售客户，从而提高传导效率；其三，为了维持规模，银行需要进一步缩窄存贷利差，扩大信用创造并提高产出。负面因素也有三：第一，存款挤出，对银行体系产生挤兑，尤其在极端情况下影响可能较大；第二，由于更改了货币政策传导路径，原有货币政策有效性可能会受到影响，需要时间来对新的传导路径进行评估；第三，CBDC可能会引入较高的通货膨胀

（Davoodalhosseini，2021）。

（二）对财政政策的影响

数字人民币虽然由央行发起，但其使得纸币支付也变得同样可追踪可识别，理论上这对财政政策具有重要意义。具体而言，影响将主要体现在财政支出和税收等方面。

从经济学传统而言，货币政策偏重于调控总量，财政政策偏重于调控结构。有观点认为，扩张总需求的货币政策在面对经济下行压力时效果不佳，就像一条绳子，在拉住飞奔的车时有效，但推车前进时却使不上劲（贾康，2019）。为此，我国一直在积极探索货币政策和财政政策的有效配合方式。央行也创设了若干结构性货币政策工具，从"大水漫灌"逐步转为"定向滴灌"。如果货币投放能够借助数字人民币变得更加精准，则传统上需要通过财政投资或转移支付的模式才能实施的定向政策便也可由央行进行规划、执行。

如此一来，货币政策和财政政策的界限将变得更加模糊，因此也更加需要在央行和财政部之间进行统一协调。目前的政策作用机制为：发改委先行确定给予鼓励的方向，财政部在此方向上安排减税、政府支出等财政手段进行配合，而央行在其中起到掌握货币闸门的作用。实际上，央行也通过定向降准、定向优惠再贷款等结构性货币政策措施鼓励金融机构投向相应的地区或行业。可以看出，目前的协调方式相对松散。受限于各部门实现手段和管理目标，要达成高度统一且较为精准的调控策略往往需要中央金融委等机构进行更高层级的协调。货币与财政政策关系的不断调整由来已久。之前的调整是通过结构性货币政策工具不断创新和对财政赤字货币化的讨论而逐步展开的。在引入数字人民币后，政策实施的效果将变得更加直观可视，货币政策也可以实现财政政策定向调控的功能，货币政策将进一步财政化。这必将引发货币和财政关系的进一步重构。

在税收方面，现金收支一直是偷逃税款的重要渠道。典型的方式有通过现金发放工资逃避个税、通过现金收支货款、通过私户转账或者提取现金等。为了加强对这些行为的监管，财政部和央行联手，通过金税系统和大额现金管理等方式对重点行业和重点企业进行监控，迄今为止取得了不错的成效。对转账渠道而言，主要依据《金融机构大额交易和可疑交易报告管理办法》（中国人民银行令〔2016〕第3号）等文件进行监测管理。对现金渠道而言，目前央行主要采取大额现金存取登记和冠字号码记录等方式加以监管，并于2020年发布《关于开展大额现金管理试点的通知》（银发〔2020〕105号），进一步强化大额现金的相关管理工作。

在数字人民币正式上线后，理论上每笔交易对央行都完全透明，因此可与税务系统实现更好的联动，监测起点可由目前的数十万元进一步降低。金税四期于2021年年末正式上线，如果未来能结合数字人民币的相关功能，税务稽查工作将得到进一步的完善。虽然数字人民币理论上可以将税务监管进一步向前推进，但此举并非一劳永逸。数字人民币目前只作为现金的替代，功能较为有限，传统的银行账户监管仍然是税务监管的主力。当然，笔者相信未来银行账户和数字人民币将实现一体化管理，系统功能将变得更加强大。

（三）对境内支付体系的影响

在数字人民币研发之初，就有市场观点认为其重要目的在于取代微信与支付宝，为央行在电子支付领域赢回主动权。为此，央行反复澄清数字人民币是货币，是"钱"，与运营渠道是两个层面的概念。目前数字人民币采取的双层发行体系并没有将微信、支付宝等渠道排除在外，二者仍然可以作为运营方参与构建相关生态。可以看出，目前数字人民币的生态环境较为开放。有意愿有能力的参与方在遵守规则的情况下都可为其贡献力量。尽管不像比特币那样采取完全"去中心化"的运作方式，但数字人民币依然向多元、开放的运营方式迈进了一大步。

从原理来看，数字支付领域的竞争关系主要存在于两个层面。第一个层面是运营层，也就是我们日常接触到的支付渠道服务商之间的竞争。这一层次的竞争主要体现在渠道构建、场景优化等方面，换言之，比拼的是更多人在更多场景下使用自己的平台进行交易。为了适应更多场景，平台兼容的币种自然越丰富越好。平台与币种之间，没有竞争关系。另一个层面是货币层，这才是数字货币之争的主战场。处在这一层次的竞争者除各国央行外，还有诸如 Diem 协会（原 Libra）等非法定货币的发行人。从获得更加广泛受众的角度，货币发行人与运营商非但不是竞争关系，反而可以相互补充，形成紧密合作。因此从理性角度，数字货币的发行人大多热衷于构建开放的平台，吸纳更多运营商、交易所、开发者介入，如此才能使影响力最大化。

从已经公布的设计看，不同运营商之间的区别目前主要体现在钱包层面，未来可能体现在智能合约方面。数字钱包的设计，在效率、安全、鲁棒性（韧性）等方面都具有一定优势。在效率方面，当前支付系统主要基于银行账户体系，人民币由支付者银行账户转出至支付平台的托管账户后再进行支付交易。而数字人民币的交易则可在两个钱包之间直接进行，从而在一定程度上减少了中间环节，提升了支付效率。在安全方面，一是钱包与银行账户间存在隔离，且钱包可用额度依据客户实际情况确定，银行账户被盗的概率相应降低；二是数字人民币对交易对手可匿名，与传统转账等方式相比更加安全。在鲁棒性方面，减少交易中间环节无疑可以降低系统的出错概率。但由于现存的交易平台均历经多年运营，已相当稳定，而数字人民币的交易系统上线不久，且应用了大量新技术，在初期系统和各平台的操作磨合的过程中难免会出现一些问题。但这并不会影响到数字人民币获得大规模应用的长期趋势。

（四）对跨境支付及人民币国际化的影响

数字人民币由于其数字特性，被市场认为具有天然的跨境支付优势，因此也在人民币国际化议题上被寄予厚望。在中美贸易争端加剧的大背景下，有传闻提到环球银行间金融电信协会（Society for Worldwide Interbank Financial Telecommunications，SWIFT）要把香港排除在外，迫使香港相关机构退出国际清算体系等。一系列传闻虽然最后被证伪，但也给我国跨境金融安全问题敲响了警钟。尤其是俄乌之战使俄罗斯遭受SWIFT制裁，将更加坚定我国强化跨境支付基础设施建设的决心。

我国在构建自主性跨境支付系统方面的努力由来已久。为了对标美国的纽约清算所银行同业支付系统（Clearing House Interbank Payment System，CHIPS），我国自2012年就启动了人民币跨境支付系统（Cross-border Interbank Payment System，CIPS）建设。该系统属于国家级金融基础设施，可实现自主的人民币跨境支付清算服务。简单来说其参与者可分为两类：直接参与者和间接参与者。直接参与者即在CIPS直接开立资金账户参与跨境业务的机构，一般都是在国际市场上具有雄厚实力和庞大服务网络的机构。这些参与者相当于整个网络的枢纽，在自身直接进行交易的同时，也在间接参与者的交易中充当服务商角色。间接参与者在直接参与者处开立账户，通过直接参与者来发起业务。通过这些直接参与者构建的全球网络，全部参与者就可以通过网络进行快捷的跨境交易。该结构与美国CHIPS系统十分类似，也是全球大国自建跨境支付网络的主要形式。截至2023年10月末，CIPS共有1481家参与者。其中，直接参与者119家，包括111家银行、8家境内外金融市场基础设施。根据央行发布的《2021年第一季度支付体系运行总体情况》，2021年一季度CIPS处理的相关业务量为75.6万笔，同比增长70.25%。处理金额为17.49万亿元，同比增长82.6%。

需要特别说明的是，CIPS与SWIFT是不同层次的概念，并非替代关系。SWIFT负责的仅仅是跨境业务通信网络搭建和电文格式标准制定的工作，其本身并不涉及清算和结算业务。换言之，SWIFT网络只作跨国传递报文信息之用，接收信息并做后续处理的还是各国自己的清算网络。比如，CIPS直接参与者在进行跨国通信时，可以采用专线连接，也可采用SWIFT网络进行连接。专线连接为点对点方式且价格高昂，利用SWIFT网络进行跨国报文发送可以节约成本，并获得与该网络上现有诸多机构直接连接的通道。因此，那些认为CIPS对SWIFT形成完美替代的观点，是非常片面的。

由上述分析可见，数字人民币的跨境交易网络建设可分成两种方式。一种方式是自建网络，由境外中资机构或其他合作机构代理，构建全球数字人民币主干网络，未来可能会继续加入智能合约等功能。另一种方式则是对现有基于SWIFT的成熟网络进行升级，跨境链路仍然使用SWIFT网络，由此可节约很大的通信网络成本。笔者认为，这两种方式在未来的建设中均可采用。尽管SWIFT是银行间网络，但在数字人民币支持智能合约的情况下，将很有可能对现有出口信用证等业务产生冲击，形成新的跨境交易支付模式。对境外机构而言，这种扩展能力还可为人民币创造更加便利的使用场景，从而进一步扩大人民币的适用范围。因此跨境网络对数字人民币的支持在未来或是必然选择。同时，积极拓展海外使用人民币进行支付的业务范围，构造人民币稳定的购买力，强化我国出口的优质商品和数字人民币的支付便利相结合，越来越多的交易对手就会更愿意使用人民币进行跨境结算。如何利用数字人民币网络建设的契机进一步扩大对外开放，增加人民币跨境交易量，拓展境外人民币使用场景，应该成为未来几年跨境支付领域需要关注的重点问题。

当前一种激进论调认为，我国在全球范围内率先推广法定数字货币，不仅是金融科技领域的进步，也会对美元的国际结算工具的地位构成冲击，并加速全球去美元化的进程。该论点的主要逻辑是此举可以使我国抢占全球电子支付领域的制高点，从而逐步挤出美元在国际市场的需求。同时，饱受争议的Libra在听证过程中也被反复论及有助于与中国政府推出的数字货币形成制衡。在中美贸易和科技摩擦加剧的背景下，这一政治因素更易被不断放大。

笔者认为，一种货币在国际上的地位主要取决于该国综合国力、金融市场发达程度和宏观经济的稳健程度，而不在于货币本身的存在形式。诚然，央行数字货币能在较大程度上提升人民币在电子支付领域的便利性。但也不应忽视，便利性只是人们使用某种货币所考虑的因素之一。除此之外，币值本身的稳定性，交易对手的认可程度等因素同样重要。尽管美国经济在近年出现了较大的波动，但美元仍然是目前国际市场最主要的计价货币、结算货币与储备货币。削弱美元霸权的确是一种美好愿望，但苦练内功、增强自身实力才是提升人民币国际地位的必经之路。不宜对人民币流通形式的创新寄予过高题外之音的希望，况且这也超出了数字人民币本身的设计能力。

在跨境支付方面，由中国人民银行、香港金管局、阿联酋央行、泰国央行四家机构联合发起的数字货币桥（mBridge）项目倒是为 CBDC 进行跨境业务进行了非常有益的尝试。据媒体报道，四个地区的 20 家商业银行在 2022 年通过这一平台发起了总额超过 2200 万美元的外汇同步交收交易。这一平台想要解决的核心痛点在于目前的跨境支付体系需要重重代理，不仅时间长、手续繁杂，而且对于新兴市场和发展中经济体（EMDEs）来说面临很大的结算风险。数字货币桥通过构建统一的平台，使得各国银行可以直接接入。通过分布式账本技术（Distributed Ledger Technology，DLT）和智能合约，不仅可以实现跨国节点的点对点连接，亦可以结合跨境贸易进行智能支付，相对安全且不可撤销。这样就能在很大程度上解决当前跨境支付的重重代理问题。当然，虽然从解决现有问题的角度来看，数字货币桥是一次非常积极的尝试，但由于当前各国的 CBDC 都有自己的打算，同时对当前的全球美元体系存在一定的影响，因此实践中到底有多少国家能够参与这个平台仍然是个未知数。CBDC 的发展仍然应该首先立足于国内支付，对跨境部分的实施在初期不宜抱有过大的希冀。

五、结论

本章通过对数字人民币的基本概念和核心技术进行梳理，厘清了能力边界，并对其可能对经济领域诸多方面产生的影响进行了阐述。由于增加了若干核心特性，数字人民币与传统纸币相比，增加了可编程、可追踪、可监测的功能，极大弥补了纸币的短板给货币政策执行等领域带来的障碍，为宏观经济调控提供了更加丰富可靠的参考依据和工具。

通过系统分析，本章论证了数字人民币的确在货币政策、财政政策、境内支付体系、跨境支付和人民币国际化等领域产生了深远影响。特别是数字人民币可能会成为一种新的货币工具，达到既可以精准投放，又不通过货币乘数增加货币总量的目的。同时，数字人民币也将进一步模糊我国货币政策和财政政策的边界，使货币政策进一步财政化。这或许会促使未来形成一种新的协调机制，重构货币和财政之间的定位关系。

此外，笔者认为，不应简单将数字人民币划归为国际竞争的产物，而应继续抱着开放合作的态度，探索新的国际合作机会和利益共享点。开放的技术路线和生态环境将给数字人民币带来更加广阔的发展空间。将人民币稳定的购买力、我国出口的优质商品和数字人民币的支付便利相结合，以数字人民币的推广作为重要契机，从实体支付和贸易领域推进人民币国际化进程，或可取得事半功倍的效果。

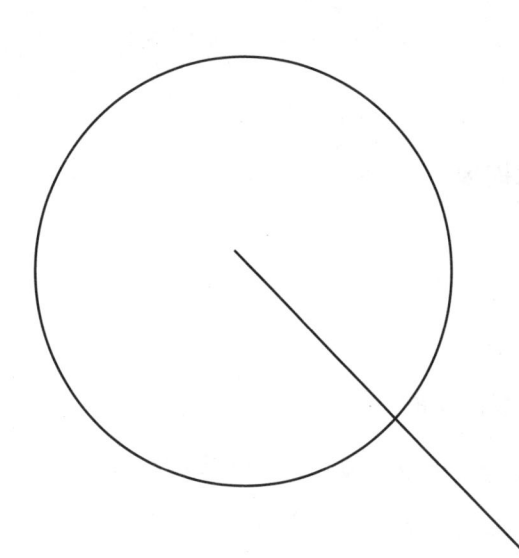

第 5 章

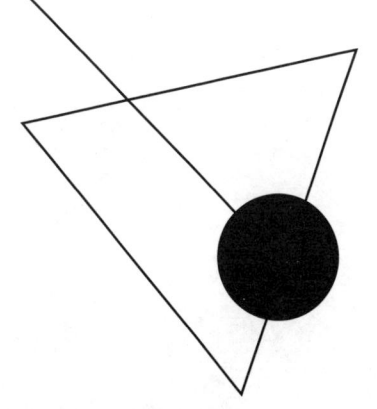

三大数字货币的比较分析：比特币、天秤币与数字人民币[①]

[①] 本章内容发表于《社会科学辑刊》，2023 年录用待刊。

本章提要

　　数字货币的兴起是数字经济时代的历史性趋势，对传统货币金融体系乃至整个经济社会运行都产生了深刻影响。本章回顾了全球数字货币的发展历程，并选取比特币、天秤币以及 e-CNY 三种具有代表性的数字货币，对其设计理念、特点、局限性以及未来的应用场景进行全面的分析和比较。最后，本章提炼了未来数字货币如何设计、推行和发展的有益启示。

一、三大最具代表性的数字货币

近年来，我国数字经济快速发展并取得重要突破。《"十四五"数字经济发展规划》提出，到 2025 年，我国的数字经济要迈向全面扩展期，数字经济核心产业增加值占 GDP 比重要达到 10%。数字货币作为数字经济的产物也将迎来蓬勃的发展。特别是在新冠疫情暴发后，各界对数字货币的关注度激增。各国央行也在加快对央行数字货币的研发与推进工作。为此，厘清各类具有代表性的数字货币的设计理念、特征、局限性和应用场景等问题，具有重要的理论和现实意义。

数字货币是互联网、区块链等数字技术在金融领域的重要成果，也是货币从历史上的金属货币、纸币等演化至今的新形态。面对现有货币及货币制度可能存在的问题，一些人认为，理想中的数字货币应具有流通便捷、不可篡改、安全防伪等优点。自数字货币理论提出以来，中本聪的比特币、Facebook 的 Deim、中国人民银行推出的具有代表性的央行数字货币 e-CNY 广受关注，也是影响最为重大的三次尝试。

比特币开创了匿名加密电子货币体系，并推动了区块链技术的广泛应用。其后有许多模仿者发行了数不胜数的各种号称"去中心化"的数字货币，但多数仅停留在交易所或网络交易平台阶段成为投机品，并没有实现货币最基本的流通职能。天秤币由 Facebook 联合 Mastercard、Uber、Paypal 等各界巨头联合推出，自设计之初就承载了勃勃雄心——成为被广泛接受的一种世界货币。虽然天秤币一再强调其无意挑战现有各国的货币运行体系，但在天秤币白皮书（2.0版本）中透露出的设计方案对货币乘数、国际汇兑、流动性管理的潜在影响难以预估，所以多个国家明确表示抵制。2022年2月，Diem相关资产被出售给美国加州一家银行Silvergate Bank，这标志着Diem项目被迫终结。

天秤币的出现加速了各国中央银行数字货币（CBDC）的进展。目前，全球开始在央行数字货币领域加速竞争，尼日利亚、巴哈马已开始推行本国的央行数字货币。中国的CBDC研究开始较早，央行推出的数字人民币（e-CNY）已经进入试点阶段，在全球的央行数字货币探索中处于领先的地位。e-CNY是一种对M0的渐进式替代，保留着中心化的制度安排，力求在产生最小负面影响或最小争议的前提下，最大限度地提高人民币流通的便捷性。e-CNY目前主要立足于国内，用于零售支付，未来e-CNY可能在中小企业贷款、转移支付乃至人民币国际化等领域发挥作用。

比特币、天秤币与e-CNY，这三种数字货币各有独特的设计理念、运行方式、技术路线，分别代表了完全去中心化、部分去中心化和中心化三个方向。从比特币发展十多年的历程来分析，完全无中心的"空气币"极易受到市场炒作，币值振荡剧烈，不适宜作为货币的替代。从企业主导发行的数字货币（如天秤币）来分析，这类数字货币的技术难度不大，其发展和推广关键在于监管。由于其本质是一种向政府争夺货币发行权的尝试，必然会被各国政府群起抵制。从货币起源和本质属性的角度来分析，一国央行主导发行的数字货币才是真正的"货币"，在该国境内推广应用阻力小。但如何发挥数字货币的特有优势，如何向国际推广，如何进行跨境支付结算等问题，是当前数字人民币等央行数字货币面临的重要挑战。

研究最具有代表性的三大数字货币，分析其优劣利弊，有助于我们全面而深入地了解数字货币。本章第二部分回顾了全球数字货币的发展历程，介绍相关领域的最新进展；第三部分分别对比特币、天秤币与 e-CNY 各自的设计理念与主要特征进行详细剖析；第四部分结合货币本质与功能指出三者各自的局限性；第五部分展望三种数字货币未来的发展前景与应用场景；第六部分为结论与启示。

二、全球数字货币的发展历程

目前，全球关于数字货币尚未有统一的定义。国际货币基金组织从货币的职能出发，认为能通过数字信息技术实现支付交易、财富储藏、记账流通等功能的机制体系，就可称为数字货币。该定义将数字货币等同于"电子货币"，支付宝、微信钱包等互联网支付工具也被纳入了数字货币的范畴（Adrian 和 Mancini-Griffoli，2021）。更多的学者还是认同其狭义的定义，即数字货币是综合运用了密码学、互联网、区块链等信息技术，以精密的数学模型和大量的加密计算为基础实现货币的各类职能，但又相对独立于传统货币系统的一种金融科技（姚前和汤莹玮，2017）。这种定义排除了社区虚拟币、在线支付等早期的众多互联网金融业态。对于数字货币与电子货币、加密货币、虚拟货币等概念之间的关联和区别，Bech 和 Garratt（2017）根据四个关键属性建立了"货币之花"模型，对创新的货币形态进行了更为明晰的分类。数字货币根据发行主体又分为私人数字货币和中央银行数字货币。

回顾全球数字货币的发展历程，其萌芽出现于 20 世纪 80 年代。1982 年，Chaum 首次提出"数字货币"的概念并研发了第一种数字货币——电子现金（e-Cash）。Chaum 提供了一种利用密码技术的数字货币方案，然而 e-Cash 仍以传统的货币金融理论为基础，定位于以银行为中心的货币体系，最后 e-Cash 运行到 1998 年宣告终结。2008 年，比特币的问世标志着数字货币的发展进入新阶段，私人数字货币自此兴起。然而，面对比特币价格的大幅波动，以法定货币或稳定资产为支撑的稳定币开始引起大众的关注，其中最具代表性和影响力的是 Facebook 所提出的天秤币（Libra）方案。Libra 的超主权特征引起各国监管者的警惕，其产生的鲇鱼效应进一步推动全球中央银行数字货币进入快速发展期。以下将对全球数字货币从比特币到稳定币、从私人数字货币到中央银行数字货币的发展历程进行介绍。

（一）从比特币到稳定币

2008年全球金融危机后，美国出台大规模量化宽松的货币政策导致中央银行的信誉遭受质疑。在此背景下，中本聪在2008年提出去中心化的加密电子货币系统——比特币。该系统进行点对点直接交易，不再依赖第三方中介。交易和账户信息储存在网上的众多节点中，任何一个甚至多个节点的修改并不影响已经形成的交易记录，由此诞生了区块链技术。比特币的诞生标志着世界正在进入数字货币时代。

近年来，私人数字货币市场规模不断扩大。事实上在比特币问世的最初几年里，其影响还较为有限。2011年，随着数字货币交易市场的兴起，比特币价格持续攀升。这吸引了许多机构蜂拥推出各类以"区块链""去中心化"为噱头的数字货币，它们模仿比特币"挖矿"获得初始货币，试图利用分布式记账方式绕开政府监管，打破央行货币垄断。随后，数字货币品种快速增加，市场交易活跃。到2021年，仅币安一家平台就有约300种数字货币进行交易。其中，市值排名靠前的数字货币包括比特币（Bitcoin）、以太坊（Ethereum）、泰达币（USDT）等。

数字货币的井喷式发展也带动了区块链技术及其自身的迭代升级。以太坊的出现标志着区块链智能合约时代的到来。丹·拉里默（Dan Larimer）又进一步发明了商用分布式应用设计操作系统（Enterprise Operation System，EOS），区块链技术的安全性和计算效率不断提升，应用领域越来越宽泛，还细分出了公有链、私有链和联盟链等。另外，对比特币的设计调整与改进衍生出许多"分叉币"，例如市场上较为活跃的莱特币（Litecoin）、狗狗币等。比特币的分叉过程伴随着对未来技术发展路线的争论以及软件系统的更新升级。2017年比特币区块链发生历史上第一次重大硬分叉，诞生了新币种比特币现金（Bitcoin Cash）。

以比特币为代表的私人数字货币存在货币属性低、价格波动大等问题。几乎所有由私人部门控制的数字货币的，在世界各国的流通都被施以严格限制，仅能作为线上交易所中的投资或投机品，货币最基本的功能——支付功能薄弱（杨晓晨和张明，2019）。另外，比特币等数字货币具有极高的价格波动性。例如，比特币价格曾经由最初的0.00076美元飙升至2021年的峰值68930美元。其间，比特币价格经历了多次暴涨暴跌，在面临黑客攻击、监管趋严等冲击时，其价格跌幅屡屡超过50%。

面对比特币及其衍生货币的设计缺陷和价格波动，追求价格稳定的稳定币逐渐受到关注。2014年，Tether公司推出的泰达币是最早也是目前市场份额最高的稳定币。与其他数字货币的设计理念不同，泰达币是中心化的，且锚定美元1∶1进行兑换，但它也没有解决流通问题。除此之外，TUSD、PAX、USDC也是较为常见的稳定币。一般而言，稳定币的发行与美元等法定货币挂钩，Dai等稳定币也与数字货币资产挂钩。相对于比特币，稳定币更加追求价格稳定，从而在数字货币或法定货币价格大幅波动时发挥了避险资产的作用。另外，由于稳定币与现实资产挂钩，往往需要接受第三方机构或官方监管机构的监督，机制设计上具有半中心化的属性。

天秤币是具有代表性的对跨境稳定币的尝试。2019年6月，美国Facebook公司发布白皮书，宣布将推出加密数字货币——天秤币（Libra），尤其强调其支付功能，并与一篮子法币资产挂钩，力求成为能被普遍接受的全球性数字货币。这一稳定币方案引起了世界广泛关注，但各国政府普遍不认可。美国监管部门一直未通过对其的审核，且该货币已遭到了法、德等多国的明确抵制。为寻求监管部门的批准，强调其项目的独立性，2020年4月发布的新版白皮书对原Libra设计进行了更改调整，并将天秤币2.0方案更名为Diem。然而，Diem项目仍面临重重阻力。2022年2月，Diem项目终止，其相关资产被出售给美国加州的一家银行——Silvergate Bank。

天秤币虽然最终仅停留在方案阶段，但其产生的影响力不容忽视。天秤币的出现使得基于稳定币的数字货币方案逐渐得到认可，以主权货币、大宗商品、数字资产等进行背书的稳定币相继出现。特别是2020年全球新冠疫情暴发以后，国际金融市场动荡，稳定币的市场交易量快速增长，并远远超过了比特币、以太坊等数字货币。另外，天秤币引起了各国央行对数字时代货币主权的担忧，并促使后者加快中央银行数字货币的研究与开发。

（二）从私人数字货币到中央银行数字货币

在数字货币发展的早期阶段，各国央行并未高度重视数字货币的发展，而是更多关注的是针对数字货币的风险防范。数字货币是一个新鲜事物，它对传统央行法币体系的影响和冲击难以估量，并可能造成严重的泡沫化倾向。特别是在比特币价格飞涨并带动一大批"空气币"涌现的背景下，为了规避数字货币带来的风险，各国不断完善监管体系，有的国家还采取了禁止或限制措施。2017年，日本通过的《资金结算法》确认了数字货币作为支付手段的法律地位，但有别于法定货币，私人部门发行的数字货币仅可作为一种资产使用。美国、韩国等对从事数字货币服务的机构进行许可证管理，与其相关联的金融机构也被纳入了监管范围，对数字货币服务利润所得课税。

2019年，Facebook发布天秤币白皮书，并将天秤币的使命定位为"建立一套简单的、无国界的货币和为数十亿人服务的金融基础设施"，但这引发各国央行的警惕和担忧。为了应对私人部门数字货币的冲击，维护本国货币主权，多国央行开始研究中央银行数字货币的发行。根据国际清算银行（BIS）调查，截至2021年第一季度，全球约86%的央行正在研究中央银行数字货币，60%的中央银行正在开展相关技术试验。世界主要国家的中央银行数字货币进展可参见表5-1。2016年4月，在伦敦大学的技术支持下，英格兰银行推出了法定货币实验项目RSCoin，此后许多国家陆续推出CBDC。

CBDC可以分为批发型和零售型两种类型。批发型CBDC主要面向特定金融机构，用于大额结算，许多国家选择合作开发。例如，2016年9月，欧洲央行联合日本央行开展基于区块链的跨境支付项目 Stella；2017 年 12 月，荷兰央行基于改进的比特币技术推出了 DNB-Coin。零售型 CBDC 面向公众，主要用于解决日常小额支付问题。2020 年，瑞典央行推出的电子克朗（e-Krona）是全球首个零售型央行数字货币。近年来越来越多的国家开展了零售型数字货币研究，例如数字人民币 e-CNY、数字法郎 e-Franc 等。

表 5-1　世界主要国家 CBDC 进展与类型

国家	名称	对象类型	启动时间/年	当前阶段
英国	RSCoin	零售型	2016	研究
以色列	e-Shekel	零售/批发型	2017	研究
智利	智利 CBDC	零售型	2019	研究
瑞士	e-Franc	零售型	2019	研究
	Helvetia	批发型	2020	研究
印度	印度 CBDC	零售型	2020	研究
欧盟	数字欧元	零售型	2020	研究
美国	美国 CBDC	零售型	2020	研究
	Hamilton 计划	—	2021	研究
墨西哥	墨西哥 CBDC	零售型	2021	研究
秘鲁	秘鲁 CBDC	零售型	2021	研究
澳大利亚	澳大利亚 CBDC	零售型	2021	研究
丹麦	丹麦 CBDC	零售型	2022	研究
挪威	e-Krona	零售型	2017	概念验证
日本	数字日元	零售型	2020	概念验证
新西兰	新西兰 CBDC	零售型	2021	概念验证
哈萨克斯坦	数字坚戈	零售型	2021	概念验证
土耳其	数字里拉	零售型	2021	概念验证
马来西亚	e-ringgit	零售型	2022	概念验证
新加坡	Ubin	批发型	2016	试点

（续表）

国家	名称	对象类型	启动时间/年	当前阶段
加拿大	Jasper	批发型	2016	试点
南非	Khokha	批发型	2016	试点
中国	e-CNY	零售型	2017	试点
法国	法国CBDC	零售型	2019	试点
韩国	韩国CBDC	零售型	2020	试点
俄罗斯	数字卢布	零售型	2020	试点
巴哈马	Sand Dollar	零售型	2017	推行
尼日利亚	e-Naira	零售型	2021	推行

资料来源：笔者基于CBDC Tracker数据库整理。

中国是最早研究中央银行数字货币的国家之一。2014年，中国央行便开始论证法定数字货币的可行性。2016年，中国央行成立数字货币研究所，组织相关金融机构开展央行数字货币DCEP的研究。2019年11月，DCEP的顶层设计、标准制定、功能研发、联调测试等工作基本完成。2020年4月，部分银行开始内部测试。DCEP现根据国际惯例更名为数字人民币（e-CNY），它是由中国人民银行发行的，具有国家信用背书的数字化形式的法币，它与普通人民币行等值，与银行账号松耦合，在提高支付流通便捷性、防伪性的同时，增强了安全性。截至2022年8月31日，数字人民币已经在15个省（市）试点，累计交易3.6亿笔，交易金额超过1000亿元，支持数字人民币的商户门店数量超过560万个。

随着私人数字货币冲击及全球疫情暴发，央行数字货币研发进入竞赛状态。英美等发达国家的态度发生明显转变。2021

年，美国与麻省理工学院合作开启以 CBDC 技术实验为核心的 Hamilton 计划。2022 年 1 月，美联储发布了关于 CBDC 的研究报告。在报告中，美联储指出 CBDC 应具备隐私保护、中介账户、可转让性和身份验证等特征。2022 年 3 月，美国总统拜登签署行政令，要求联邦政府相关部门开展与数字货币有关的、全面彻底的跨部门研究，探索创立官方数字美元。白宫强调，政府将"研究和发展潜在的美国 CBDC 设计和部署选项"置于"最紧迫"的位置。2022 年 5 月，美联储发布关于央行数字货币主题的白皮书。对比而言，中美央行数字货币在法律定位、运营架构和功能设计方面基本一致。在研发进度上，中国央行数字货币快于美联储，这反映了新一轮货币竞赛中两国角色的差异（张一平和马瑞超，2022a）。

未来的国际金融竞争可能聚焦于数字金融乃至更为核心的数字货币。在此背景下，厘清数字货币的设计理念、特征、局限性和未来前景等问题，具有非常重要的意义。本章选择了比特币、天秤币与 e-CNY 这三种具有代表性的数字货币进行对比分析。

三、比特币、天秤币与 e-CNY 不同的设计理念与主要特征

比特币、天秤币与 e-CNY 在各自设计理念上存在差异，由此形成了比特币、天秤币与 e-CNY 各自的特点。我们先来回顾下它们各自的设计理念和特征：

（一）比特币的设计理念与特征

中本聪的比特币方案提出了一种非常特别的货币设计理念，描绘了一种点对点的电子现金系统，该系统可以摆脱第三方中介的传统支付模式。对于比特币的机制设计，可以概括为如下三方面：（1）比特币的发行与信用基础。比特币的发行主要通过"挖矿"过程实现。搜集交易数据、建立新区块的过程被称为"挖矿"。通过"挖矿"产生的比特币按照一定规则，最多可发行2100万个，存在数量上的限制。比特币使用密码学算法和区块链技术，解决的是货币发行的信任问题。（2）账户管理。比特币的账户地址由一串数字组成，使用者持有密钥可对比特币账户余额进行查询。（3）交易确认。"挖矿"过程中产生的交易需要逐一验证，只有验证成功的交易才会变成有效交易进入区块。全网确认通过且交易进入主区块之后，比特币交易才算生效。

比特币具有不同于传统主权货币的如下特征：第一，去中心化。这是比特币等私人数字货币最为核心的特征。比特币采取去中心化的货币发行和管理方式，不通过中央银行和政府进行信用背书，旨在摆脱对任何中心化机构和政府的依赖。比特币的去中心化优势可以弥补传统货币的不足：（1）可避免多种国别货币产生的汇率兑换问题，降低交易成本；（2）避免国家政权动荡引致的货币信任危机；（3）避免货币当局利用货币发行特权，通过大量发行货币进行征税。第二，高度匿名化。比特币账号通过私钥证明其所有权，而无需像传统银行账号一样进行实名认证。比特币账号由数字地址构成，该地址不记录比特币用户的个人信息，且不同账号间没有关联性，无法知晓比特币用户的总持币数量。第三，可追溯性。比特币从生成到交易的全过程都会被记录在主区块链中，且无须认证便可追溯交易的全过程，比特币的账号查询也是开放的。第四，不可逆性。为了避免收款方利益被侵害，比特币交易不允许撤销操作，每笔交易只存在成功和失败两种状态，交易具有不可逆的特点。第五，全球性货币特性。比特币既没有国界，也无须兑换，这有助于降低国际贸易与跨境资本流动的交易成本。

（二）天秤币的设计理念与特征

天秤币（Libra 1.0）创立之初的目的是建立一套简单的、无国界的货币和为数十亿人服务的金融基础设施，旨在成为一个新的去中心化区块链、低波动性的加密货币和智能合约平台。相对于比特币，Facebook 在设计天秤币时，加入了许多独特设计，解决了比特币没有内在价值的问题。

在底层区块链技术上，天秤币主要采用 Move 编程语言、拜占庭容错（BFT）共识机制以及区块链三项主要技术（杨晓晨和张明，2019）。在天秤币的发行机制上，天秤币采用被动发行方式，一篮子真实储备的现实资产是天秤币背后的价值。发行增量天秤币的唯一方法，是天秤币的使用者采用现实资产，按照一定比例来购买天秤币。在天秤币协会的组织形式上，遵循去中心化原则，由理事会对所有重大事项做出决策。协会的创始成员包括 Facebook、eBay、Visa、Uber、MasterCard、Vodafone 等 20 多家行业巨头。

Libra 1.0 的特点在于其以一篮子货币为锚、以 Facebook 网络为依托、能够突破国界的限制（荆中博，2019）。具体而言，第一，天秤币是以一篮子货币为锚的稳定币。一篮子货币及其份额分别为：美元 50%、欧元 18%、日元 14%、英镑 11% 以及新加坡元 7%。天秤币可与不同国家货币确定一个兑换比例，进行自由兑换，从而维持价格稳定。第二，天秤币以 Facebook 为依托。天秤币的支付方式基于天秤币协会实现，该协会会员涵盖区块链、电商、支付等诸多领域。协会成员将会从资金、技术以及应用上分别予以支持，帮助天秤币更快、更好地应用到各类支付场景中。第三，天秤币的流通将突破国界限制。天秤币基于区块链技术，可以为用户提供便捷、低成本的跨境支付，从而有助于解决在现有银行信用货币体系下缺乏全球性央行跨境支付服务的问题。在跨境支付领域，特别是小额跨境支付领域，天秤币的优势明显，且运营模式可持续。

Libra 2.0 即 Diem 在设计上进行了一定的修改，主要变化有：第一，在锚定一篮子货币之外增加锚定单一货币的稳定币。LibraUSD、LibraEUR、LibraGBP 和 LibraSGD 等单货币稳定币具有 1∶1 的充足储备金支持，发行和流通不会带来货币创造效应，降低了对传统金融系统的冲击。第二，进一步提高了 Libra 支付系统安全性。在反洗钱、打击恐怖主义融资、遵守制裁措施和防止非法活动等方面建立稳健的合规性框架和清晰的监管标准。第三，放弃未来向无许可系统过渡的计划。删除关键合规条款并防范未知参与者控制系统，以实现开放、透明和竞争激烈的网络服务和治理市场。第四，在储备金的设计中加入索赔和保护措施，维持资本缓冲机制。例如，在储备池中增加期限短、信用风险低、流动性高的资产。

（三）e-CNY 的设计理念与特征

数字人民币（e-CNY）是由中国人民银行发行，有国家信用背书、有法定偿还能力的法定数字货币。《中华人民共和国中国人民银行法（修订草案征求意见稿）》已将数字人民币的内容加入其中，"人民币包括实物形式和数字形式"。

当前，数字人民币已经开始试点，具有法币电子化、实现"双离线支付"、采用"双层运营体系"、保护隐私等特征（杨晓晨和张明，2020）。具体表现为：

第一，数字人民币将法定货币数字化，仅用于替代 M0，且不付息。采用这种方法不涉及贷款和存款等信用创造环节。数字人民币作为 M0 不会对现有金融体系造成显著冲击，并可无缝对接现有金融系统。中国人民银行《2022 年金融统计数据报告》显示，自 2022 年 12 月起"流通中货币（M0）"含流通中数字人民币，2022 年 12 月末流通中数字人民币余额达到 136.1 亿元。

第二，数字人民币可实现"双离线支付"。与现金一样，用户在没有银行账户的前提下也可以使用数字人民币。与此同时，没有网络并不会影响数字人民币的使用。即使交易双方处于离线状态，交易也可以顺利完成，即"双离线支付"。数字人民币无网无电支付功能在2023年1月正式上线，该功能目前支持安卓部分机型，未来会支持更多机型。

第三，数字人民币采用"双层运营体系"。第一层是中国人民银行，第二层涵盖四大商业银行、三大电信运营商（移动、联通和电信）和两大平台（微信和支付宝）。在具体操作上，中国人民银行通过商业银行等运营机构将数字人民币兑换给公众。在兑换过程中，运营机构向中国人民银行缴纳100%的准备金，并按1∶1的比例进行兑换。这一设计可以避免金融脱媒、银行挤兑等问题，银行与公众的现有债权债务关系也不会改变。此外，在特殊情况下可以引入收费机制，增加金融摩擦。

第四，数字人民币具有安全性与匿名性。数字人民币的法定货币地位保障了其安全性。此外，数字人民币高度重视个人信息与隐私保护，与银行账户松耦合，在技术上实现小额匿名。同时为了防止违法犯罪活动，央行保留大额支付依法追溯权，在必要时利用数据挖掘技术对违规用户进行监管。

四、比特币、天秤币与 e-CNY 各自的局限

从货币的功能来看，货币在交易媒介、记账单位、价值储藏方面的基本职能已得到共识。然而，何种职能更接近于货币起

源，以及货币本质属性是什么，学界对于这一问题始终存在不同的看法。主流观点坚持商品货币说，认为货币最初始以及最重要的职能就是充当交易媒介。近年来债务信用说得到越来越多的关注，许多学者认为货币本质上是可转移的债务或信用，背后是债务和信用制度的支持（韦森，2016）。根据这一观点，货币与国家信用密切相关。

商品货币、金属货币、纸币、数字货币都是货币在不同历史阶段的表现形态，数字货币是在数字技术支持下货币虚拟化的表现形态。除了数字货币在设计理念和实际运用中可能具有的创新性和独特优势，学术界和社会各界不乏对一些数字货币是否具有货币属性，私人数字货币是否会冲击主权货币，以及数字货币潜在风险等方面的探讨。因此，结合货币的功能与本质对当前三大代表性数字货币的局限性进行分析，具有重要意义。

（一）比特币的局限性

比特币的局限性表现在其是否具备货币的功能和本质，是否能够进行货币政策调控，以及存在的潜在风险等方面。

第一，从功能性来看，比特币无法履行货币的基本职能。目前比特币并未在商业领域大规模流通，仅有少数商家接受比特币，持有者即使购买商品也更多的是将其转换为其他接受度高的主权货币。获得新币成本高、储存风险高、流动性差是阻碍比特币作为交易媒介进行广泛流通的一些原因（Yermack，2013）。此外，比特币总量与其生产速度已经事先确定，市场主要由需求侧的投资投机者主导，容易出现投机泡沫，价格具有高波动特征（Dwyer，2015；杨晓晨和张明，2014；Cheah和Fry，2015）。难以稳定的特性使比特币难以有效实现记账单位的职能，现实中比特币也并未被经济主体承诺可以作为债务偿付的工具（刘新华和郝杰，2019）。不同于货币可存放于国家信用支持的银行，比特币存放于数字钱包账户，因此面临较高的安全风险。此外，比特币价格的高波动性也阻碍其价值储藏职能的实现。

第二，从本质属性来看，比特币无法成为真正的货币。从商品货币说出发，对比特币没有内在价值的质疑并不合理，一些学者从挖矿的生产成本以及购买持有的边际效益来论证其具有一定价值（Dwyer，2015；Garcia et al.，2014）。然而，尽管比特币在底层技术方面可能会降低交易成本并提高效率，但根据上述分析，其充当一般等价物履行货币职能仍难以实现。从债务信用说来看，一些支持者将其视为实现哈耶克"货币非国家化"设想与解决主权货币超发等问题的希望。然而，比特币最核心的设计理念便是去中心化，属于没有国家信用支持的私人数字货币，顶多实现与主权货币之间的兑换，这一点背离货币的债务本质和国家信用属性。因此，无论从主流还是非主流的货币理论出发，比特币都难以成为真正的货币，而被认为是货币自由主义的"乌托邦"（盛松成和翟春，2014）。事实上，2013年中国人民银行等五部委便否定了比特币的货币地位，将其定位于特定的虚拟商品。研究表明，比特币的商品和金融资产属性已经得到较为广泛的认可（Mensi et al., 2014；Bouri et al., 2017）。

第三，从现实作用来看，比特币无法发挥经济调节功能。根据设计特征，比特币的生产速度递减，供给总量恒定，这与历史上的金银货币具有类似之处，无法满足经济社会发展而日益增长的货币需求，最终必然会造成通货紧缩压力和市场流动性紧张。换言之，比特币的供给外生于经济体系，缺乏现代信用体系支撑，故不具备经济调节的功能。传统货币政策工具无法通过比特币发挥作用，贷款派生存款的信用创造机制难以实现。例如，就融资功能而言，比特币的匿名性特征使其无法提供融资所需的借款人信息，进而无法进行借款人的融资风险评估。又如，通过银行或者债券市场等中介机构进行融资会形成中心节点，这有悖于比特币去中心化的设计理念。再如，比特币没有像法定货币一样可以稳定币值的途径，因此比特币没有类似于最后贷款人和其他稳定器的制度安排（肖远企，2020）。

第四，从设计特征来看，比特币本身存在风险隐患。一方面，存在安全性问题。由于比特币账户只是一个数字地址，私钥是用户识别比特币的唯一证明，黑客只需盗取私钥即可盗取比特币。当用户的私钥被黑客盗取，受害者无法证明其对被盗账号的所有权，使得用户的合法权益无法得到有效保障。另一方面，由于比特币账户具有匿名性和不可追溯性，容易滋生洗钱、贩毒等非法交易活动，也增加了国际税收的征收难度。

（二）天秤币的局限性

天秤币的局限性表现在机制设计的效果不确定、数据安全和隐私保护问题、经济社会影响、监管变革与协调难题以及侵蚀国家货币主权等方面。天秤币及其改良后的版本由于其局限性和对现实货币体系的巨大挑战，始终未能获得各国监管部门的认可和支持，也因巨大的监管障碍而最终失败。

第一，天秤币机制设计的成熟度与预期效果未知，仍难言其为真正的货币。相比于社会各界对比特币无内在价值的质疑，天秤币是一种稳定币，在形式上具有与法定货币制度类似的一些特征。然而，这一模式能否有效运转，并表现出比有国家信用支撑的法定货币更良好的币值稳定性，依然缺乏实践检验。在一篮子货币的币种选择、兑换比例、流通性等方面都存在很大不确定性。对于天秤币与法定货币的兑换模式、储备资产中的资产结构、天秤币协会的决策和日常管理等问题还缺乏明晰的机制设计。特别是，对于天秤币能否切实促进落后国家和地区不同群体的金融可得性，降低资金使用成本，而不是方便企业谋利，助长洗钱、腐败等非法交易等方面，监管者和社会各界也抱有怀疑。

第二，天秤币存在数据安全和隐私保护问题，能否代表公众利益也引人质疑。天秤币的数据类别主要包括公共区块链的交易数据和用户的账户数据。对于前者的监管难度较大，在区块链上的数据存储、传输等活动需要适应不同国家的监管要求；对于用户的账户数据，尽管依托于Facebook用户网络，但天秤币仍需与原来的用户数据分离，进行数据转移需要得到用户同意（Abraham 和 Guegan，2019）。另外，天秤币能否在实践中真正实现普惠性，带来金融服务覆盖广度的拓展和使用成本的下降，这一点仍未可知。对于储备资产货币比例设置如何、Libra 协会的集体决策是否会被大国主导、能否权衡公平与效率等问题的关注与讨论，也反映了社会对其代表公众利益的说法的一些质疑。

第三，天秤币可能对金融体系和经济社会产生广泛影响。在金融领域，天秤币对金融体系的影响在一定程度上取决于其业务辐射范围。如果只是像 Diem 方案所声称的那样仅仅作为支付系统和工具，天秤币将主要冲击商业银行的存款、结算清算业务。而如果天秤币进一步提供贷款等信用创造业务，将会削弱货币政策的有效性，对中央银行和法定货币的地位形成根本性挑战。在税收领域，基于天秤币区块链进行交易的课税对象、计税依据、征收方式及管理等都有待明确，线上的跨国界交易可能对全球税收体系造成重大挑战。在就业领域，天秤币可能进一步降低劳动力流动的地理限制，促进劳动力市场的全球化（杨晓晨和张明，2019）。

第四，天秤币可能引发国内与全球跨境监管的协调难题。天秤币对宏观经济的影响是多方面的，需要各国监管者合理评估并做出相应准备。例如天秤币可能加剧平台垄断，并滋生洗钱、非法跨境交易、恐怖融资等风险，是各国监管者关注的重点。而要适应各国不同的金融体系、法律制度及监管要求，获得关于产品、业务以及数据管理等多方面许可，这本身就是非常困难的事情。天秤币在实际运营过程中如何进行全球监管协调也是个难题。在新冠疫情暴发之后，全球逆全球化浪潮兴起，想要达成多边监管合作变得更加困难。此外，天秤币并没有覆盖全球，部分未被纳入天秤币区块链中的国家（特别是发展中国家）可能会受到外部性影响，这涉及国际货币体系的利益分配与重构，从而使得天秤币的引入面临更多阻力和复杂性。

第五，天秤币的超主权特征对现实主权货币的权力侵蚀，是其落地的最主要障碍。Libra 1.0 的发行和流通跨越国界，可能威胁美元在当前国际货币体系中的主导地位。对弱化国际货币地位和潜在监管问题的担忧，使得美国对天秤币强烈反对，其他国家也对其较为抵触。Libra 2.0——Diem 版本则可能与美国利益更好地结合起来，成为美元攻城略地的新工具，进而强化美元的国际地位。Diem 的设计不具有货币创造功能，金融风险也较为可控，并且 Diem 更多地强调支付功能而弱化超主权定位。为获得美联储等央行监管认可，Diem 方案提出的 Libra USD 等单货币稳定币在实施难度上较小，但是它可能巩固强势货币地位，打击弱势货币地位。在 Libra 1.0 中，美元就占据了 50% 的储备资产份额，而以单一货币的稳定性设计可能会进一步放大美元的霸权地位。特别是对于欠发达国家而言，天秤币可能会替代某些通货膨胀高企、政府主权较弱、本币汇率动荡的小国货币，侵蚀主权国家货币功能。此外，天秤币还可能导致市场价格混乱、小国货币政策独立性丧失等问题（杨晓晨和张明，2019）。

（三）e-CNY 的局限性

比特币具有完全去中心化的设计，在实践过程中由于缺乏国家信用支撑而难以成为真正的货币，仍需要与其他主权货币兑换以保证其可接受性。天秤币对此进行了折中，虽然仍为私人数字货币，但引入了天秤币协会作为中心化的节点，并且与主权货币挂钩作为其信用基础。这表明，目前真正的数字货币仍难以脱离中心化的国家主权而存在。因此，将去中心化的底层技术或其他数字技术与中心化的主权货币结合而产生的中央银行数字货币（CBDC），可能是数字货币更为现实的发展路径。

从当前数字人民币的发展来看，其局限性在于创新意义有限、不直接搭载智能合约、难以明显影响美元优势地位、无法解决融资难题、跨境支付存在困难等（杨晓晨和张明，2020）。具体而言：

第一，数字人民币的定位问题。数字人民币可以使支付市场更加多元化，但不能完全取代微信和支付宝，创新的意义有限。数字人民币在法定强制、隐私保护、线下支付等方面确实有优势，但只承载央行层面的基本支付功能。对于支付产品而言，商业支付场景的优化可能更为重要，这一方面支付宝、微信等已经具有网络效应和良好用户体验的平台无疑更具优势。央行将微信和支付宝定位为金融基础设施，数字人民币定位为 M0。这需要政府政策的有序引导，使它们在不同的责任领域，更好地发挥各自的作用。

第二，数字人民币具有可拓展性，可以使大量交易变得更加智能，但它并不会直接携带智能合约。在设计之初，数字人民币就考虑使用数字媒体来优化现有交易。虽然没有直接配备智能合约，但不能阻止数字人民币作为一种流动货币参与当前各种交易的优化过程。它的分布式核算、离线支付等功能确实可以在很多应用场景中提高交易的可靠性。

第三，数字人民币有助于提高货币政策传导的透明度和有效性，但不能完全解决中小企业融资难等问题。数字人民币的可追溯性使央行能够更好地监控整个市场的货币流动，在一定程度上改善了过去M0领域的盲点，从而可以疏通货币政策传导路径，提高货币政策传导效率。然而，数字人民币目前不具有信用创造功能，定向投放的设想也不能完全解决中小企业融资等问题，还需要进行深层次的体制机制改革。

第四，数字人民币实现跨境支付是需要解决的重点问题。在开放状态下，以数字技术为基础的"一篮子法定数字货币"有可能成为"超主权"货币的主要构成部分，法定数字货币发行国需要共同构建区块链联盟链下的跨境支付体系和国际结算体系（杨继，2022）。中国人民银行参与的国际清算银行多边央行数字货币桥项目，在2022年完成试点工作。但是，数字人民币适用范围仍局限在国内。实现数字人民币的跨境支付是下一阶段需要解决的关键问题之一。

此外，数字人民币的机制设计还有待于进一步完善。中国人民银行数字货币研究所所长穆长春指出，数字人民币还面临如下两方面的挑战：其一，受理终端的建设。数字人民币还需要进一步通过多样化的智能和定制化钱包设计改善用户体验，并通过改造和升级商户系统提高支付效率。其二，健全的安全和风险管理机制。安全是央行数字货币系统开发的首要任务。中国人民银行将在数字人民币的整个生命周期内，继续完善包括加密算法、金融信息安全、数据安全和业务连续性等运营系统的管理，以确保系统安全稳定。

五、比特币、天秤币与 e-CNY 的评价与前景展望

三大代表性数字货币的设计理念和局限性各不相同，比特币、天秤币与 e-CNY 的未来应用前景也存在较大差异。

（一）对比特币的评价与前景展望

目前，一些小国正在进行加密货币合法化的尝试。2022 年 9 月 7 日，萨尔瓦多将比特币定为美元之外的法偿货币，成为全球首个将比特币合法化的国家。此举的主要目的是降低跨境汇兑和交易费用、避免美元波动对小国经济的影响。此外，古巴、巴拿马、乌拉圭等国家也在考虑将加密货币合法化。然而，考虑到比特币的供给机制、价格波动以及安全性等问题，比特币未来大概率仍将作为投机性资产。一方面，比特币难以成为真正的货币，其并不具备交易媒介、计价单位、价值贮藏等货币属性的看法已形成普遍共识。事实上，当前多是互联网商业企业及游戏媒

体等数字科技公司接受比特币支付，传统零售企业基本上没有接受比特币支付的计划（张秉文，2021）。比特币交易容易与非法活动相勾连。每年约有 720 亿美元的非法活动涉及比特币，相当于美国和欧洲毒品交易市场的总规模（Athey et al., 2016; Foley et al., 2019）。另一方面，比特币的发行设计导致其具有稀缺性特征，价格高波动性加强了其投机属性。已有研究表明，比特币价格与黄金、美元、石油等资产具有关联性，投资比特币可以为投资者提供多元化收益，并作为对冲不确定性的风险管理工具（Dyhrberg, 2016; Bouri et al., 2017）。比特币等加密货币并非严格意义上的数字货币，其更像是数字资产（黄益平，2023）。未来，比特币的投机性资产属性或将变得更加突出。

虽然比特币的货币属性不被认可，但其所依托的区块链底层技术在未来会有更广泛的应用场景。黄益平（2023）分析指出，加密货币领域相关的分布式账本、区块链技术等新型数字技术对于正规金融体系具有重要的应用价值。区块链技术以分布式存储、点对点传输、共识算法等为核心，具有去中心化、不可篡改、安全可靠等特点。智能合约是目前利用区块链技术较为主要的应用场景。事实上，在过去涉及第三方信用中介机构的活动，以及存在明显的信息不对称的商品和金融资产交易、征信、公证、信息共享、数据安全等领域，区块链技术都大有可为。

首先，在金融领域，区块链除了数字货币之外，可以应用于投融资、资产交易、支付清算等方面。其中，在间接融资方面，区块链可以与供应链金融紧密结合，通过核心企业的资产担保和信用共享，促使供应链中的中小企业获得融资；在直接融资和金融资产交易方面，基于区块链技术的票据、股权（证券）等交易平台有助于提高交易效率和安全性；在清算结算方面，基于区块链的分布式清算无须信用中介参与，特别是在银行间清算、跨境支付结算中，能够提高交易效率并降低费用。此外，区块链还在金融机构的风险管理、信息披露、客户征信以及审计、税务、保险等活动中发挥不可忽视的作用。

其次，在经济社会领域，区块链能够应用于商业、物流、制造、医疗、能源、旅游和酒店等行业。具体包括以下几个方面：一是权益及流转证明。区块链可以结合供应链和物流链开展商品溯源和防伪工作，也有利于保险、土地流转等领域的资产所有权和交易历史验证。二是存在性证明。区块链技术可以将繁杂的纸质文件数字化，提供身份认证以及政府、法律等文书的电子存证、认证、鉴证和公证等服务，保证文件的存在性和真实性，特别是有利于音乐、视频、文学等数字内容的版权保护。三是区块链技术也可以在市场预测、博彩、选举投票、公益慈善等更广泛的领域得到应用。

最后，区块链可以与物联网、人工智能、云计算等数字技术结合，实现与实体产业的深度融合。例如，区块链的应用可以促进分布式物联网平台的建立，从而保证网络内设备间交互信息的安全可靠；又如，区块链、智能合约也可以与人工智能结合，促进生产协作自动化和智能制造。

尽管区块链的应用前景广阔，但目前仍处于探索阶段，主要的问题在于：第一，区块链本身的共识机制、加密算法等还有待进一步完善和优化；第二，迄今为止区块链技术仍缺乏数字货币之外可以大规模推广的、成熟的应用场景；第三，入链的真实性、不同链之间进行协调等方面的问题还有待解决，必要时仍需引入中心化的中介管理组织。

（二）对天秤币的评价与前景展望

天秤币本身是数字货币全球化应用的一次大胆尝试，在算法技术、货币设计、治理组织方面具有创新性。天秤币能否落地，主要取决于Facebook与美国政府在多大程度上能够结成同盟，以及欧洲国家与其他发达国家对天秤币的接受程度。然而，由于涉及私人企业利益与公共权力间的冲突、去中心化与中心化治理的平衡、大国以及小国货币主权间的矛盾，天秤币注定面临诸多监管障碍，最终还是以失败收场。

尽管如此，仍然不可否认天秤币对全球数字货币进行路径探索的重要意义，它的出现也深刻影响着数字货币的发展进程。

第一，天秤币加速了中央银行数字货币研究并推进了跨境支付发展。天秤币对货币主权的潜在威胁表现出强烈的鲇鱼效应，促使各国纷纷重视推进本国的CBDC项目。2019年以来，许多国家开启了CBDC研究，例如秘鲁、智利、俄罗斯、印度、澳大利亚等。早期态度较为谨慎的国家，态度也出现转变，例如美国自2020年后开始加速CBDC研究，日本也宣布启动数字日元计划。另外，加拿大、南非、韩国、法国等国家的CBDC进程也明显加快，相继进入试点阶段。受到天秤币全球支付方案的影响，跨境支付也成为 CBDC 研究的重要探索方向。许多央行开始尝试将分布式账本技术（DLT）应用于跨境支付中，优化现有金融基础设施。具有代表性的是，2016 年新加坡金管局推出其法定数字货币，并联合加拿大央行、英国央行尝试数字化的跨境支付结算；2021 年法国与瑞士、新加坡、突尼斯等国家及国际清算银行合作，进行通过 CBDC 来实现跨境批发支付与结算的有关试验。多边央行数字货币桥项目旨在整合现有跨境支付系统以实现互联互通操作当前被认为具有较大可行性。

第二，天秤币极大地推动了稳定币的发展。天秤币的超主权属性虽然未能获得认可，但其提供了一条与标的资产挂钩以保持价格稳定的发展路径。根据标的资产的不同，现有稳定币主要有三种类型：一是与法定货币挂钩的稳定币，例如 USDT、TUSD 等；二是与大宗商品挂钩的稳定币，例如 Digix Gold 与黄金挂钩、Tiberius Coin 以贵金属组合作为背书；三是与其他加密资产挂钩的稳定币，例如 DAI 表面与美元挂钩而实际上有以太坊区块链背书，从而成功将价值维持在 1 美元左右。在全球新冠疫情暴发之后，受到套利空间增加、避险需求增长、DeFi 平台兴起等因素影响，稳定币市值大幅增长，交易日趋活跃。有关数据表明，2020 年稳定币市值突破 100 亿美元，并且使用稳定币的交易金额开始超过比特币。当然，稳定币仍然依赖于传统金融体系最后贷款人等机制的存在，其稳定性和未来发展有待进一步观察。稳定币缺乏有效监管，有可能积累风险并影响金融体系的稳定，因此需要各国监管当局加强监管。

第三，天秤币促进数字货币成为国际货币体系变革的新方向。除了激发利用数字货币提高跨境支付效率，天秤币的出现也引发了数字时代国际货币体系变革的新思考。一方面，天秤币及泰达币等稳定币一旦与法定货币相挂钩，其储备资产的结构、交易流通规模将有可能巩固或削弱主权货币的相对地位，从而影响国际货币竞争格局。若 Diem 方案中单一美元稳定币落地以及现实中与美元 1∶1 挂钩的泰达币等市场规模扩大并逐渐具备安全资产属性，则有可能进一步巩固美元霸权。与之相对应，如果其他国家推动与本国货币挂钩的稳定币，也有可能提升其货币的国际地位。另一方面，针对当前以美元为主导的国际货币体系，天秤币提供了一种非中心化、非主权货币主导的国际货币思路。建立在平台巨头用户网络之上的天秤币如果能够发挥结算计价等职能，将会显著冲击以主权货币为主导的国际货币体系。虽然天秤币并未最终获得使用，但未来是否会出现超越国家主权的数字国际货币（如 e-SDR），以及这种数字货币如何在中心化与去中心化路线中进行选择和开展相应机制设计，有待进一步观察和研究。

（三）对 e-CNY 的评价与前景展望

相比于比特币和天秤币对主权货币产生的威胁，数字人民币本身是法定货币数字化的尝试，并且定位于替代 M0，能够较好地与传统金融体系相容，因而监管阻力小，更具现实性和可行性。目前，e-CNY 已开始有计划地推行，可以预见 e-CNY 将会产生如下一系列应用场景：

第一，e-CNY主要应用于零售支付。相比于支付宝、微信等工具，e-CNY的比较优势在于安全性和便捷性。e-CNY是法定货币，并在流通中可能采用区块链技术，使得账户资产和交易的安全性更具保障。而且e-CNY支持双离线支付，也不需要账户绑定，简化了支付流程，进一步放松了支付的限制，促进了数字支付在更大范围内普及。另外，面对第三方支付工具的挑战，e-CNY将加强央行在支付领域的主动权，发挥基础性支撑作用，并协调商业银行、第三方支付等机构间的竞争合作关系。目前，数字人民币只面向个人用户，但未来可能会扩大到向机构发行（黄益平，2023）。

第二，e-CNY在中小企业贷款、转移支付、精准扶贫、社会缴费等领域也有广阔的应用场景。由于e-CNY实现了现金纸币的数字化，能够更好地实现M0发行和转移的追踪，不仅有利于强化货币政策的调控能力，加强对洗钱、腐败等非法交易的监管，也有利于财政、货币政策的精准实施，例如在转移支付、扶贫、发放消费券等财政支出中，可以通过e-CNY直抵个人；对中小企业的贷款也更具精确性和便捷性。此外，在医疗、交通、教育等社会领域的缴费支付中，e-CNY也有广阔的应用空间。

第三，e-CNY主要立足于国内，跨境支付等国际化应用场景目前还未实现。稳步有序推进是中国版法定数字货币现阶段的首要目标。考虑到现有以SWIFT与CHIPS为核心的跨境支付体系弊端丛生，数字货币的自身优势能够有效改善这些问题，各国央行开始逐渐关注法定数字货币在跨境支付领域的潜力（张一平和马瑞超，2022b）。中国央行正在积极参与多边央行数字货币桥项目（m-CBDC Bridge）。2022年10月26日，国际结算银行等联合发布题为《多边央行数字货币桥项目：以央行数字货币连接经济》（Project mBridge: Connecting economies through CBDC）的报告，指出多边央行数字货币桥项目在2022年第三季度由实验阶段开始进入试行阶段。目前，该项目已经率先开始进行利用数字货币桥平台交易的试点工作，20家商业银行利用多种央行数字货币促成了逾160笔支付、外汇兑换、同步交收等交易，总价值达到2200万美元。从实验情况来看，e-CNY不需要经过SWIFT系统，可以实现点对点的支付。Zoltan（2023）指出，全球央行数字货币高歌猛进，像根系一样蔓延，而随着每一个新CBDC的发行，央行数字货币桥项目就会进一步削弱美元在外汇交易的作用。此外，服务于人民币国际化的数字基础设施也在加快建设。例如，2019年10月，马来西亚首家数字银行中国建设银行纳闽分行开业，这有利于完善人民币清算服务网络，探索数字银行发展新模式。将e-CNY应用于跨境支付并推动人民币国际化是对e-CNY的美好展望（孟刚，2019），但跨境监管的复杂性、数字货币技术的成熟度以及潜在影响的不确定性等因素意味着相关场景在短期内还较难实现。

六、结论与启示

本章回顾了全球数字货币的发展历程，并选取比特币、天秤币以及 e-CNY 三种具有代表性的数字货币，对其进行全面的分析和比较。就设计理念和特征而言，比特币具有去中心化、高度匿名、完整可追溯、交易不可逆等特征；天秤币的设计则是部分去中心化，以一篮子货币为锚、以 Facebook 网络为依托、试图突破国界进行流通，之后的 Diem 改良方案弱化了超主权特征；e-CNY 是对法定货币 M0 的电子化，具有双离线支付、双层运营体系、数据中央管理等特征。就局限性而言，比特币总量固定而无法匹配经济增长，并面临融资困难、缺乏货币乘数和货币政策、安全性风险高等问题；Libra 的超主权特性对各国货币主权的冲击是其最大问题；e-CNY 的设计相对谨慎，目前不会直接搭载智能合约，对推动人民币国际化、解决中小企业融资难等问题可能作用比较有限。就未来应用场景而言，比特币仍将继续作为投机性资产，其依托的区块链技术则在金融、经济社会等领域具有广阔的发展空间；天秤币虽然以失败告终，但推动了稳定币和中央银行数字货币发展，并为国际货币体系变革提供了新的方向；e-CNY 则主要立足于国内，可应用于零售支付、中小企业贷款、转移支付、社会缴费等一系列场景。

数字货币的兴起是对现有货币规则和体系的一场深刻变革，私人、企业以及中央政府都提出了各自不同的方案。我们可以从中得到如下四点启示：

第一，数字货币的设计需要在核心问题上进行权衡取舍。目前不同类型数字货币主要的设计争议在于：如何平衡去中心化和中心化机制、如何保持币值稳定、如何平衡匿名性和风险性等。特别是去中心化与中心化的权衡问题。以比特币为代表的去中心化设计虽然提供了新的信任解决机制，但由于技术限制，如何保证交易效率始终是个问题。目前看来完全的去中心化仍是自由主义者的"乌托邦"幻想，去中心化的底层技术仍需与中心化的治理结构或组织相结合。天秤币虽然结合了中心化组织，但对各国主权货币和监管的挑战使其难以落地。以 e-CNY 为代表的中央银行数字货币可能是货币在数字时代具有现实发展前景的可行路径。随着数字技术的迅猛发展，Web 3.0 时代即将到来。Web 3.0 是以区块链、去中心化为基础的网络，而数字货币又是建立在该网络基础上的支付系统。在基础网络可能快速变化的背景下，数字货币设计的核心问题可能也会随之改变，其中如何适应元宇宙等新虚拟环境是非常值得关注的。

第二，数字货币的推行应尽可能形成多方利益主体共识。数字货币最初的兴起便是发生在传统货币体系之外，对于其潜在的金融冲击自然会引起监管者的警惕，以跨境流通为目标的 Libra 更是遭到多国监管者的反对，e-CNY 虽然是法定货币自身的改革，阻力较小，但仍需考虑金融机构等主体间的利益冲突。因此，尽可能形成利益共识，而不是触及威胁多方既得利益，是目前数字货币能够顺利推行的关键。

第三，数字货币的发展要兼顾创新性与现实性。数字货币不仅仅是技术创新，更是对货币制度与金融体系的挑战。在对数字货币进行顶层设计时，应综合考虑技术以及经济社会目标，保证其合理性和可行性，过于超前、脱离货币本质的创新可能无法适应现实需要，更无法对现有货币体系产生有益影响。对于 e-CNY 等中央银行数字货币而言，保证金融经济稳定是金融创新的基本前提，采取渐进式数字货币方案是较为稳妥的做法。此外，应理性看待超出数字货币职能之外的经济功能。目前市场上有关数字货币助力人民币国际化的看法，有些期望过高。货币国际化归根结底取决于一个国家在全球生产网络中所处的地位以及本国金融市场的深度、广度与流动性，仅靠发行数字货币本身并不能显著改善一国货币的国际地位。

第四，在欢迎数字货币时代到来的同时，应该做好防范数字货币相关风险的准备。未来数字货币的风险防范至少应包括以下三个层次：一是与数字货币本身有关的操作和技术风险。数字货币的广泛应用需保证其安全性和稳定性，尽力避免非法交易、数据泄露、技术故障或操作失误带来的系统失灵等问题。二是潜在的金融与经济风险。区块链数据分析公司 Chainalysis 发布的《2022 加密货币犯罪报告》显示，2021 年全球利用虚拟货币洗钱约 86 亿美元。三是更广泛的政治和社会伦理风险。数字鸿沟始终是值得关注的重要问题，应注意不同群体、不同国家的数字货币可得性差异。数字货币在发达国家和发展中国家的普及程度差异可能会进一步拉大双方差距，并对贸易与投资的跨境流动形成阻碍，甚至影响政治和社会稳定。监管当局应充分考虑数字货币对金融稳定、市场结构、货币政策、财政税收等领域带来的一系列影响，并注重推动以监管科技（RegTech）为重点的监管体系革新。针对数字货币开展跨国界的监管合作，无疑尤其重要。

第6章

**数字货币与国际货币体系变革：
潜在机遇与路径探索**

本章提要

　　数字货币的兴起给国际货币体系改革提供了新的思路和可能。从数字货币形态来看，稳定币以及央行数字货币的发展将为国际货币体系的渐进式变革带来新的机遇。从理想的路径来看，超主权数字货币体系有私人数字货币主导、央行数字货币主导、e-SDR以及数字货币区等不同方案。从现实角度来看，数字货币会强化还是削弱当前的国际货币体系格局，取决于数字货币与主权货币的结合形式和程度。数字人民币的探索走在全球前列，但数字货币难以在短期内以及从根本上影响人民币国际化。无论如何，数字货币有望在提高跨境支付安全与效率、提升货币实力和国际地位方面产生积极作用。

一、国际货币体系的新生机

近年来，国际货币体系的内生矛盾与问题日益凸显，已经引发国际社会对其可持续性的怀疑。美国作为中心国利用"嚣张的特权"给外围国家带来资本异常流动、汇率大幅波动、金融市场动荡等负面影响。在 2008 年次贷危机以及 2020 年新冠疫情暴发之后，美国均采取了大规模量化宽松货币政策，导致全球流动性泛滥，不断透支美联储维持美元币值稳定的信誉。在 2022 年俄乌冲突爆发之后，美国冻结俄罗斯央行储备资产的美元武器化行为，更是动摇了美国国债作为全球最安全资产的地位，并可能加速国际货币体系嬗变。

数字货币的兴起深刻影响了全球经济金融体系，并给国际货币体系变革带来新的可能性。本章重点对数字货币给国际货币体系变革带来的机遇与可能路径进行分析。剩余部分安排如下：第二部分对当前国际货币体系的特征和缺陷进行总结，并探讨俄乌冲突对国际货币体系产生的冲击；第三部分分析不同数字货币形态对国际货币体系可能产生的影响和作用边界；第四部分具体介绍当前数字货币影响国际货币体系的可能路径和方案；第五部分对数字人民币影响下的人民币国际化发展进行了展望；第六部分为结论。

二、当前国际货币体系的特征与缺陷

国际货币体系演进经历了四个阶段，分别为 1870 年至 1914 年的金本位制、1922 年至 1936 年的金块与金汇兑本位制、1945 年至 1971 年的布雷顿森林体系 I、1976 年至今的牙买加体系。牙买加体系也被称为布雷顿森林体系 II（Dooley et al., 2003）。在经历了 2008 年全球金融危机、2020 年至 2022 年新冠疫情和 2022 年俄乌冲突等重大冲击后，当前国际货币体系的问题和缺陷日益引发各方关注，关于国际货币体系改革的呼声也日益高涨。

（一）当前国际货币体系的主要特征

当前国际货币体系本质上是以美元为主导的单极化信用本位体系。当前国际货币体系较为松散，缺乏类似布雷顿森林体系中美元黄金双挂钩的强约束性制度安排，因此也被称为"无体系的体系"，其具有如下特征：

第一，美元占据主导地位，是全球最主要的计价、结算和储备货币。美元霸权的确立始于布雷顿森林体系。布雷顿森林体系崩溃后，美元与黄金脱钩，但仍是世界范围内最广泛使用的支付和结算手段、计价工具以及储备货币。截至 2022 年，美元在国际结算、外汇交易、债券计价以及外汇储备中的份额分别为42.05%、44%、50.13%和59.79%[①]。在2008年全球金融危机以及2022年俄乌冲突爆发期间，美元的国际储备地位不降反升。

第二，当前的国际货币体系实际上是信用本位制度，美联储的货币政策信誉是体系稳定的基础。自布雷顿森林体系崩溃之后，国际货币体系从实物锚转变为信用锚。美元的发行不再与黄金储备硬性挂钩，而是以美联储的货币政策信誉作为内在约束。因此，美联储货币政策的信誉成为最重要的货币锚。这意味着各国投资者对美元稳定的信心主要来源于美联储会努力抑制国内通胀、实施负责任的货币政策的声誉。

第三，当前的国际货币体系遵循美元霸权主导下的中心—外围架构。如图6-1所示，一方面，美元的输出主要依靠中心国——美国向其他国家购买商品和服务而实现。例如，美国从出口导向型的东亚国家进口成本低廉的工业制成品，从资源出口型的中东国家进口能源。美国表现出持续的经常项目逆差，而东亚、中东等国家则表现为经常项目顺差。另一方面，美元的回流主要通过外围国家投资美国离岸和在岸的金融资产实现。东亚和中东国家将出口贸易积累的大量美元储备投资于美国国债等资产，欧洲和拉美国家也购买了大量美国政府和公司发行的股票、

[①] 资料来源：国际结算为2022年10月数据，外汇交易为2022年数据，外汇储备和债券计价为2022年第三季度数据。其中，国际结算数据来源于SWIFT数据库，外汇储备数据来源于COFER数据库，外汇交易和债券计价数据来源于BIS数据库。

债券等金融资产，从而美国在国际收支上表现为金融账户顺差（Dooley et al., 2003；张明和覃东海，2005）。

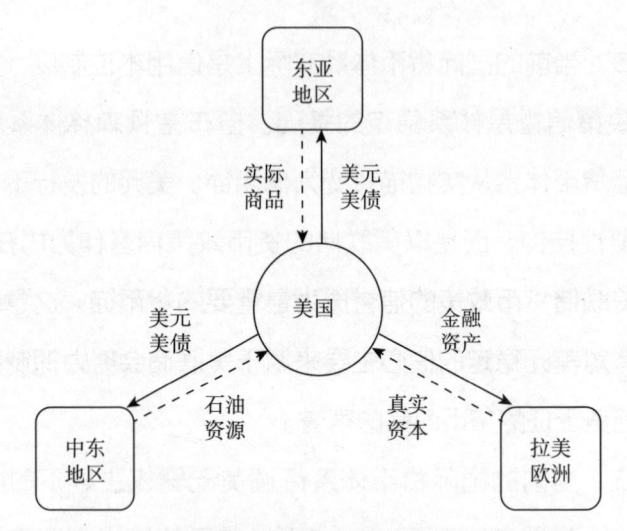

图 6-1　当前国际货币体系的美元与资源流动模式

资料来源：笔者基于张明和覃东海（2005）的观点进行绘制。

（二）当前国际货币体系的主要问题与缺陷

自牙买加体系（布雷顿森林体系Ⅱ）确立以来，始终不乏对其潜在问题与可持续性的讨论。一些学者认为，在该体系形成初期，中心和外围国家均能从体系中获得好处，只要外围国家能够持续为美国提供融资，就能保持体系大致稳定（Dooley et al., 2003）。然而，随着世界格局的演变，尤其是主要国家间的相对实力发生变化，当前国际货币体系的问题日益凸显。更重要的是，在次贷危机与新冠疫情冲击下，美联储采取的大规模量化宽松政策导致美元信誉不断被透支，使得当前国际货币体系的问题和缺陷更加深刻地暴露出来。

当前国际货币体系的问题源于以美元霸权为主导的中心—外围结构所产生的收益和责任的不对称,以及明显的负向外溢效应。美国拥有"嚣张的特权"(Eichengreen,2011),在享受了国际铸币税、通货膨胀税、经济政策独立等收益的同时,却给外围国家带来了一系列问题。正如美国前财长康纳利所言:"美元是我们的,但问题是你们的。"近年来,在次贷危机、新冠疫情等一系列冲击下,国际货币体系固有的矛盾与弊端越来越凸显,暴露出体系的内在不相容和不可持续性。主要问题表现在:

第一,广义特里芬难题与国际收支失衡。当前国际货币体系仍然面临广义的"特里芬两难",即美国面临保持持续的经常账户逆差以满足国际清偿力需求,与美国对外净债务持续上升而引发的美元信心危机之间的两难。广义"特里芬两难"不可避免地加剧全球国际收支失衡,一度成为当前国际货币体系的突出问题。根据IMF的数据,全球经常账户余额的绝对值占GDP的比重从2000年的3.7%攀升至2007年的5.6%。2008年以来,全球国际收支失衡在一定程度上通过金融危机的形式实现调整。然而在新冠疫情和俄乌冲突之后,全球经常账户差额又出现一定的扩大趋势[①]。

[①] Giovanni Ganelli,Pau Rabanal,Niamh Sheridan:《全球经常账户差额在战争和疫情下扩大》,IMF官网2022年8月5日,https://www.imf.org/zh/Blogs/Articles/2022/08/04/blog-global-current-account-balances-widen-amid-war-pandemic-080422。

第二，美国货币政策的负外溢性与全球金融风险。随着美国对外净债务的不断上升，以货币政策信誉作为内在软约束的美联储，通过超发货币与美元贬值稀释债务和转移负担的动机愈发强烈。美联储货币政策具有负向外溢效应，在金融自由化、跨境资本流动频繁等因素叠加之下，驱动着国际金融周期波动，并且加剧全球金融风险（Rey，2015）。可以看到，近年来美国长期的货币宽松政策及外溢效应使得风险从中心国向外围国家传导，导致全球流动性泛滥，资本流动和汇率波动加剧（Kaminsky和Reinhart，2001）。不合理的国际货币体系成为引发国际金融危机的重要根源。

第三，公共产品供给不足与国际金融治理低效。自20世纪80年代以来，全球范围内国际金融危机频仍，暴露出美国对全球金融公共品的供给明显不足的问题，同时也意味着全球并未建立起运转有效的国际金融治理体系。IMF是当前国际货币体系下美国主导国际金融秩序的协调机构。21世纪以来，面对世界经济格局的变化，以欧美国家为主导的IMF关于份额与投票权的治理结构改革进展缓慢，无法充分代表新兴市场国家和贫困国家的利益。在全球经济状况监测、危机预警与应对方面，IMF也表现不佳，其有效性和合法性备受质疑。

第四，货币武器化威胁外围国家金融安全。由于缺乏有效约束，美国可能出于自身战略竞争的需要而滥用其国际货币地位的权力。21世纪以来，美国将美元武器化、对其他国家进行金融制裁的事件逐渐增多，俄罗斯、伊朗、朝鲜等国家备受其扰。货币武器化不仅威胁外围国家的金融安全，也打击了世界各国对美元作为储备货币的信心，加剧了国际货币体系的不稳定性。近年来，去美元化的呼声逐渐强烈，许多国家尝试使用非美元货币进行计价结算，并增加非美元货币储备。不仅如此，越来越多的国家意识到，过度依赖以美元为主导的国际结算系统（SWIFT）也有巨大的潜在风险，于是开始寻求金融基础设施的去美元化，例如俄罗斯的金融信息传输系统（SPFS）、中国的人民币跨境支付系统（CIPS）等。

（三）俄乌冲突对国际货币体系的冲击

俄乌冲突爆发后，以美国为首的西方国家对俄罗斯采取了一系列制裁。截至2022年末，俄罗斯受到的各种制裁超过12600项，而在此之前仅有2695项。此次制裁由美国联合众多盟国实施，手段全面且在短期内快速升级（见表6-1）。特别是欧美各国对俄罗斯采取了史无前例的严厉的金融制裁，包括冻结俄罗斯外汇和黄金储备、将俄罗斯多家金融机构排除在SWIFT清算体系之外等，本质上是将美元政治化和武器化。

表6-1 美国及其盟国对俄罗斯的制裁

制裁手段	美国	欧盟	英国	瑞士	澳大利亚	加拿大	日本
限制从俄罗斯进口石油	√	√	√	√	√	√	√
限制从俄罗斯进口天然气	√				√		

（续表）

制裁手段	美国	欧盟	英国	瑞士	澳大利亚	加拿大	日本
限制从俄罗斯进口煤炭	√	√	√				√
限制从俄罗斯进口黄金	√	√	√	√	√	√	
限制从俄罗斯进口金属		√		√			
限制从俄罗斯进口奢侈品	√	√				√	
限制向俄罗斯出口金属					√		
限制向俄罗斯出口技术	√	√	√			√	√
限制向俄罗斯出口奢侈品	√	√	√		√	√	√
限制向俄罗斯出口专业服务	√	√	√			√	
对俄罗斯银行代理账户的限制	√		√				
限制俄罗斯主权债务	√	√	√		√	√	
限制俄罗斯银行使用SWIFT	√	√	√				
冻结俄罗斯黄金和外汇储备资产	√						
限制俄罗斯获得IMF和世界银行的资金	√	√	√			√	
撤销俄罗斯最惠国待遇	√				√	√	
限制俄罗斯国有媒体广播	√	√			√		

资料来源：Castellum.AI 数据库，笔者整理。

俄乌冲突之后美国对俄罗斯的金融制裁动摇了现有国际货币体系的两大根基：一是美国国债作为全球最重要安全资产的地位。此次制裁中，美国及其盟国普遍采取了冻结俄罗斯外汇和黄金储备的手段，这表明非美国盟国的国家投资美国国债未来将不再安全，因为美国政府在全球金融市场上的声誉可能完全臣服于其地缘政治的考量。而一旦美国国债失去了全球最重要安全资产的地位，美元在国际货币体系中的地位无疑将显著下降。二是SWIFT 系统作为全球金融基础设施的公共产品地位。在此次制裁中，美国、欧盟等联合禁止俄罗斯主要银行使用 SWIFT 系统。尽管 SWIFT 系统名义上是一个中立性组织，但实际上美国仍凭借金融霸权掌握其主导权，并将其作为对他国进行金融制裁的工具。此次是美欧首次对俄罗斯这样的大国采取这一措施，严重阻碍了俄罗斯对外贸易和金融的往来，显著增加了俄罗斯跨境交易的成本和时间。但与此同时，这也损害了 SWIFT 系统的中立性与可靠性，促使其他国家寻求替代方案。

因此，自俄乌冲突以来，美国以一种刻意破坏全球经济金融规则的方式，从底层对布雷顿森林体系 II 造成巨大冲击，动摇了外围国家对美国维护国际货币体系稳定的信心。关于国际货币体系改革的呼声更加高涨。

三、数字货币带来的可能机遇与作用边界

对于未来的国际货币体系应如何进行改革，存在热烈争论，主要有三种主流思路。第一是渐进式增量改革的思路，即维持并修补现有国际货币体系。美国为了维持美元的国际地位，也采取了建立推广常备化双边本币互换机制、推动 IMF 治理结构改革等一系列措施。第二，打破美元霸权，建立多极化的国际货币体

系。随着欧元、人民币等货币崛起，以美元为主导的单极化国际货币体系可能向多极化方向发展。这将与多元化世界经济格局相适应，并且能够通过多元储备货币的相互竞争与制衡形成有效约束。第三，建立超主权国际货币体系。2009年，中国人民银行行长周小川提出了创造一种超主权国际储备货币以替代美元的建议，引起国际社会的广泛关注。较为现实的路径则是建立以IMF特别提款权（SDR）为核心的超主权储备体系，然而其要成为真正的全球储备货币，还有很长的路要走。

随着数字时代的到来，数字货币成为继金属货币、信用货币之后适应时代和技术演进的重要货币形态。基于区块链、加密等数字技术，数字货币表现出区别于已有货币的去中心化、虚拟化等特征，并对传统的金融市场运行乃至国际金融体系带来新的冲击。因此，越来越多的研究开始关注数字货币对国际货币体系所带来的影响及其可能引发的变革。

（一）数字货币对国际货币体系变革的作用与边界

迄今为止，美元的国际货币地位仍然较为稳固。在官方外汇储备领域，美元的部分份额的确被一些非传统储备货币（包括但不限于人民币）所挤占（Arslanalp et al., 2022）。然而，美元仍然是全球最主要的结算、计价和储备货币，多次经济金融危机并没有明显损害美元的主导地位。从次贷危机爆发至今，美元在国际结算、外汇交易等领域所占份额不降反升（张明，2021）。而且，即便受新冠疫情与俄乌冲突的叠加影响，美元在全球外汇储备中的份额由 2021 年末的 58.81% 上升至 2022 年第三季度的 59.79%。美元长期稳固的地位，与其制度惯性和网络正外部性密不可分。

数字货币的使用在一定程度上可以克服美元的制度惯性与网络正外部性，有望成为国际货币体系变革的助推器。这是因为：

第一，数字货币天然适应数字时代的需要。大数据、云计算、人工智能等数字技术突破了物理空间的限制，促使生产、商业、社交等传统经济社会活动数字化和虚拟化。数字货币则是现实货币在数字经济乃至元宇宙中的数字化表现，能够满足多样化虚拟场景对交易媒介的需要。

第二，数字货币具有低成本、快速、便捷等特征，有助于提高跨境支付的效率和安全性。现有的跨境支付系统面临结算链条长、成本高、效率低等问题。正如艾肯格林所指出的，数字货币将资金流与数据流合二为一，降低了信息传递的成本（Eichengreen et al., 2016）。在理想情景中，超主权数字货币的广泛采用，还有助于降低现有美元体系的货币兑换成本。此外，数字货币依托的加密技术和区块链技术也保障了资金跨境流动的安全性，降低了风险敞口，增强了各类主体持有数字货币的意愿。

第三，数字货币的去中心化特征能够在一定程度上打破美元主导的中心化跨境支付系统，进而改变贸易模式和贸易格局。数字货币多以去中心化的区块链技术为基础，无论是以稳定币为基础的天秤币方案还是以央行数字货币为基础的多边数字货币桥方案，均具有多中心、分布式治理的特征（刘东民和宋爽，2020），能够在一定程度上打破现有中心化支付系统的垄断。此外，数字货币与智能合约等工具构成智能化的贸易基础设施，从便利性的角度来看，数字货币搭载智能合约可以在很大程度上减少中间环节的介入、降低中间成本，因此，有望促进贸易模式革新，进一步重塑贸易格局。

第四，数字货币网络的形成将具有显著的网络效应，这有助于打破美元的使用惯性。数字技术具有高固定成本和低边际成本的特征，具有显著的规模经济和网络效应。正如Brunnermeier et al.（2019）所描述的，以特定数字货币作为交易媒介的数字货币区一旦形成，能够跨越地理距离和国界限制，并以近乎为零的边际成本向新增用户提供货币服务。网络效应的实现有助于快速取得网络正外部性，打破美元的使用惯性。

需要承认，一国货币在国际货币体系中的地位最终还是取决于一个国家的经济基本面、金融体系发展程度、政治军事等综合实力，数字货币所代表的技术应用无法从本质上改变主要货币之间的力量平衡，也无法取代央行所具备的独立性和法治规则的作用（埃斯瓦尔·普拉萨德，2022）。

国际货币体系的演变是长期渐进的过程。数字货币难以通过合法途径从根本上颠覆现有的货币体系，也不能通过自身技术优势一举解决诸如国际收支失衡和金融风险传导的问题。在当前国际货币体系和监管体系下，数字货币参与货币体系改革的最佳方式不是寻求颠覆式的替代方案，而是作为各主要主权货币的技术延伸和能力拓展，从降低交易成本、拓展支付贸易模式等方面逐步削弱美元在跨境贸易和其他领域的刚性需求，以渐进方式推动国际货币体系由单极化的美元本位制向多极化的主权货币体系演进。因此，数字货币有望在渐进式国际货币体系改革中成为新路径和重要抓手。只有这样，数字货币才能最大限度地发挥自身优势，规避自身劣势，并在合理合法的框架下快速发展。

（二）不同类型数字货币对国际货币体系的可能影响

截至目前，比特币、稳定币和央行数字货币是广受关注也影响最为重大的三种主流数字货币类型。这三种数字货币各有独特的设计特征和局限性（见表6-2），分别代表了完全去中心化、部分去中心化和中心化三个方向。第一，以比特币为代表的私人数字货币，特点是以公有链为基础，完全去中心化，因其系统算法设计带来的资源稀缺性而产生价值。底层不依赖任何现有货币体系，因此缺乏价值基础而难以实现货币职能。第二，以天秤币（Libra，后更名为Diem）为代表的私人数字货币，特点是以联盟链为基础，部分去中心化，价值基础来源于底层资产池，池内资产可以是各种货币和金融资产的组合。但由于跨境监管复杂和对货币体系的冲击较大，引起监管的强烈反对。第三类是以数字人民币为代表的中央银行数字货币，特点是不完全依赖区块链技术，中心化程度较高，价值基础来源于主权货币信用，可被近似视为主权货币的数字化形态。目前，全球主要国家正在加快研究和试点，探索央行数字货币的可行性和对经济金融的潜在影响。

表 6-2　代表性数字货币设计特征与局限性比较

类型	设计特征	局限性
比特币	·去中心化的货币发行和流通机制 ·高度匿名化的账户管理 ·可追溯和不可逆设计保证交易真实性 ·天然具有跨国界的全球性货币特性	·不具有货币的基本职能，难以成为真正的货币 ·总量供给确定，无法产生信用创造机制、发挥经济调节功能 ·存在资产损失、非法交易等金融安全隐患
天秤币	·以一篮子货币为锚的发行流通机制 ·以社交用户网络为依托实现跨境流通目的 ·多公司参与的协会/联盟组织形式	·设计的成熟度与预期效果令人怀疑 ·对跨境监管和国际税收带来挑战 ·侵蚀现实主权货币以及对国际金融体系有潜在冲击
数字人民币	·由中国人民银行发行，具有国家信用背书的法偿性和安全性 ·定位于M0并采用双层运营体系 ·侧重于零售环节，提高便捷性与普惠性 ·可编程性与可扩展性	·需要明确自身定位以及与其他支付手段的关系问题 ·数字人民币的机制设计有待进一步完善 ·对经济金融体系的作用有待客观认识

从目前数字货币的主流形态来看，央行数字货币与稳定币更有希望在未来的国际货币体系中扮演一定角色，而以比特币为代表的加密货币能够发挥的作用较小。

首先，比特币代表的私人数字货币对国际货币体系的影响可能较为有限。比特币最具去中心化特征，不同于以主权货币充当国际货币的现行体系。但目前，世界许多国家都对比特币的流通使用进行严格地限制或管理。因此，比特币更多是作为一种线上交易金融资产而具有投机属性，未来对国际货币体系产生影响的可能性较小。

其次，稳定币对国际货币体系的潜在影响引人关注。稳定币是以现实资产或法定货币作为基础而发行的私人数字货币，相比于比特币价格更加稳定，且具有超主权、去中心化的特征。例如，天秤币方案是数字企业建立全球数字货币体系的一次尝试。如果按照天秤币的设计方案建立跨境的、私人部门主导的全球数字货币体系，天秤币将对现有国际货币体系产生颠覆式冲击，监管部门对此强烈反对，所以最终此方案以失败告终。事实上，无论是比特币还是稳定币，其本质都是由私人部门发行的向政府争夺货币发行权的尝试。相比于技术问题，私人数字货币的发展和推广的关键在于主权国家当局的态度和监管程度。稳定币仍然有可能对国际货币体系改革产生影响。一是稳定币的出现和兴起具有鲇鱼效应，由于对主权货币具有威胁性而促进了中央银行数字货币的快速推进，也为国际货币体系的变革提供了新的路径。二是如果按照泰达币等设计思路来看，稳定币更多是充当投资资产，但与主权货币结合就有可能对一国货币的国际地位产生巩固或者削弱的影响。三是稳定币从长远来看是区别于中心化货币体系的替代性方案。特别是2020年全球新冠疫情暴发以来，国际金融市场动荡，稳定币的市场交易量出现快速增长，并远远超过比特币、以太坊等数字货币。未来随着Web3.0以及元宇宙的发展，稳定币有可能在虚拟空间的金融体系中发挥更为重要的作用。

再次，中央银行数字货币更有可能对国际货币体系改革产生边际性影响。从货币起源和本质属性来分析，一国央行主导发行的数字货币才是真正的"货币"，这意味着中央银行数字货币的推广相比于私人数字货币而言更具合法性。相应地，中央银行数字货币并不会改变由主权货币充当国际货币的体系，而是为一国的货币实力提升以及国际货币体系格局变化提供新的数字化路径。当前各国对央行数字货币的加快推进表明，央行数字货币正在成为各国货币竞争的新赛道。很多国家正在积极探索利用数字货币强化本国货币或降低对美元的依赖，目前的进展主要体现在CBDC的跨境支付应用以及纳入储备资产方面。但是，央行数字货币与强势货币的结合会强化当前的国际货币体系，目前美国政府正在加快对CBDC的研究，希望借此巩固美元在国际货币体系中的核心地位。另外，央行数字货币如果与稳定币结合，则有可能产生更大的影响。例如稳定币更多地盯住美元，叠加数字美元的推广，将进一步巩固美元的霸权地位。IMF亚太部主任斯里尼瓦桑（2022）研究发现，加密资产市场推动了美元化，即美元稳定币在加密资产市场中对当地货币起到了挤出效应；且在通胀较高、汇率不稳的国家，上述影响会更加明显。受到监管且由本币支持的私人部门稳定币是零售型央行数字货币的一种替代品。[1]

---

[1] 资料来源：IMF 官网，https://www.imf.org/zh/News/Articles/2022/07/07/sp070722-central-bank-digital-currency-and-the-case-of-china。

四、数字货币影响下的国际货币体系改革路径

在俄乌冲突的背景下,国际货币体系将如何演进再次成为焦点,引发有关各界的激烈讨论。数字货币为国际货币体系改革提供了新的方向和竞争维度。许多学者和机构提出了不同的国际货币体系变革的数字化路径。根据目标的可实现性,数字化改革路径主要包括长期理想方案和中短期现实方案。

(一)理想方案

最理想的方案是基于数字货币建立全球或区域性的超主权国际货币体系。由 SDR 充当超主权货币的方案在定值货币篮、使用范围、发行规模与分配机制方面都亟待改革(张明,2010),SDR 成为真正的超主权储备货币还有很长的路要走。数字货币的兴起则为超主权货币提供了新的可能,许多研究机构和学者根据数字货币类型和实现路径提出了不同方案,具体可以分为四种类型。

1. 以私人数字货币为基础建立超主权国际货币体系

比特币虽然符合"超主权"属性,但由于其具有供给固定、缺乏价值基础、价格波动性大等缺陷,难以成为真正的货币乃至国际货币(Yermack,2013;Cheah 和 Fry,2015)。相比之下,稳定币以法定货币、大宗商品或其他数字货币为信

用背书，有助于保持币值稳定，近年来受到越来越多的关注。2019年，美国公司Facebook发布天秤币（Libra）白皮书，旨在建立一个与一篮子法定货币挂钩、依托于用户网络、跨国界广泛使用的全球性数字货币体系。如果这一方案实现，全球就会形成一个覆盖超过30亿人的超主权数字货币区，从而对现有国际货币体系形成巨大挑战。因此，天秤币引起美国、欧洲等监管部门的强烈反对。尽管2020年Facebook经调整推出天秤币2.0方案Diem，但其落地仍然阻力重重并最终于2022年宣布终止。

2. 以中央银行数字货币为基础建立超主权国际货币体系

为了应对私人数字货币对主权货币的冲击，越来越多的国家开始积极推进央行数字货币。2020年后，英美等发达国家态度转变，开始加速研究央行数字货币。中国起步较早，如今正在深化数字人民币（e-CNY）的试点工作。尼日利亚和巴哈马则已正式启用数字货币"e奈拉"和"沙元"。一些研究正在考虑通过发展CBDC降低对美元的依赖、探索促进国际货币体系改革的可能性。2019年，英国央行行长马克·卡尼提出多国中央银行数字货币组成网络建立"合成霸权货币"（Synthetic Hegemonic Currency，SHC）的方案，旨在替代美元霸权，并在一定程度上弥补安全资产短缺的现状（Carney，2019）。

3. 以数字化 SDR 为基础建立超主权数字货币体系

数字货币可能为促进 SDR 的应用提供机遇。一些学者提出，可以由央行和私人部门合作，利用区块链技术改造现有的 SDR，形成数字特别提款权（e-SDR）这种合成货币，由其担任超主权货币。然而，e-SDR 实质上仍是以一篮子货币为基础的储备货币，面临各国份额如何合理分配的问题，还需要完全中立的国际机构进行管理。另外，e-SDR 如果想取代美元成为主要的国际储备货币，还必须建立规模足够大的以 e-SDR 计价的货币及储备资产市场（肖耿，2018）。

4. 数字货币区方案

不同于建立全球性超主权数字货币的设想，Brunnermeier et al.（2019）提出了数字货币区（Digital Currency Areas, DCAs）的概念，认为未来可能形成数字货币支付交易的特定网络。与蒙代尔所提出的最优货币区概念不同，数字货币区可以突破地理邻近的约束，基于用户基础和网络效应进行扩张。然而，由于各国监管障碍，他们认为全球范围的数字货币区很难实现，未来可能面临更激烈的数字货币竞争，最终形成多个数字货币区，进而对现有国际货币体系产生影响。

（二）现实设想

笔者认为，更为现实的设想是数字货币可能成为主权货币竞争的新维度。数字货币对国际货币体系演变的影响不仅取决于私人和主权数字货币的路线选择，也取决于数字货币与主权货币的结合形式和程度。

一方面，许多国家正在积极推动稳定币与监管体系的适应以及加快央行数字货币的发展，以期在未来新的国际货币竞争领域占据有利地位。国际机构和多国央行已经开始探索数字货币特别是 CBDC 的跨境支付应用，例如国际清算银行、法国、瑞士以及中国等国家合作推进的多边央行数字货币桥项目（m-CBDC Bridge），旨在打造一个基于分布式账本技术（DLT）的通用平台，多国央行可在此平台上发行各自的中央银行数字货币（Central Bank Digital Currencies，CBDCs）并进行央行数字货币的兑换。未来，多边央行数字货币桥等央行数字货币网络有可能在一定程度上绕开 SWIFT 系统，形成独立的国际支付清算体系。另外，数字货币具备在一定程度上成为储备资产的潜力。一些研究发现，比特币等数字货币的价格波动独立于美元，而且在很多时候与美元汇率的波动反相关，从而能在一定程度上充当避险资产和风险管理工具（Mensi et al.，2014；Bouri et al.，2017a）。特别是在俄乌冲突之后，美元信誉的动摇可能促使一些国家将更高比例的主权外汇资产投资于比特币、稳定币等数字货币。

另一方面，数字货币对国际货币体系的影响具有双刃剑效应。基于数字技术的特性，数字货币如果与美元等国际货币结合将会产生更强的货币替代效应，进而巩固传统国际货币体系的货币结构。从现实进展来看，第一种趋势是稳定币更多地盯住美元。目前，泰达币（USDT）、Dai 等稳定币多以美元为锚或抵押资产。IMF 的研究显示，美元稳定币在加密资产市场中对当地货币具有挤出效应，加密资产市场有助于巩固美元地位。第二种趋势则是数字美元的加速推进。自 2020 年以来，美国对央行数字货币的态度明显转变，数字美元成为美国的重点研究内容。2022 年 3 月，美国总统拜登签署第一份关于数字资产的行政令，要求联邦政府相关部门积极探索央行数字货币。在当年 5 月，美联储发布首个数字货币白皮书，评估数字美元的收益与风险[1]。美国财政部部长耶伦以及美联储主席鲍威尔均多次表示央行数字货币研发关系到美国在国际货币体系中的领导地位。2022 年 8 月，美国联邦储备委员会（FRB）副主席布雷纳德宣布，新的支付系统"FedNow"将于 2023 年 5 月至 7 月期间投入运营[2]，未来可能作为数字美元发行的基础设施。

五、数字货币与人民币国际化展望

中国对于央行数字货币的探索走在世界前列，具有国际领先优势。2014 年，中国央行开始论证法定数字货币的可行性，后

---

[1] 资料来源：美联储，《货币与支付：数字时代的美元转型》（*Money and Payments: The U.S.Dollar in the Age of Digital Transformation*），https://www.federalreserve.gov/publications/money-and-payments-discussion-paper.htm。

[2] 资料来源：美联储，https://www.federalreserve.gov/newsevents/speech/brainard20220829a.htm。

于2017年组织商业银行和有关机构共同研究数字货币电子的支付框架（DC/EP）。2019年年末，基于DC/EP框架推出的数字人民币进入试点阶段。当前，e-CNY定位于M0，主要用于国内零售支付，对金融和经济体系的影响较小。数字货币的兴起有望为人民币国际化提供新的思路。

回顾人民币国际化历程，人民币国际化经历了涨潮—退潮—再涨潮的周期性发展历程。人民币国际化的第一个周期是2009年至2017年。其中2009年至2015年上半年是上升期；2015年下半年至2017年是下降期。人民币国际化的第二个周期是2018年起至今。截至2022年年末，人民币在国际支付、外汇交易、债券计价、国际储备中的份额分别达到2.2%、3.5%、0.5%与2.8%，已经成为继美元、欧元、日元、英镑之后的全球第五大国际货币。在人民币国际化周期性发展历程中，推进策略也出现结构性转变，从旧"三位一体"发展为新"三位一体"。

俄乌冲突以来，在国际货币体系变革加速的背景下，人民币国际化推进的"新三位一体"策略有望向"新新三位一体"扩展（张明和李曦晨，2019；张明，2022）。数字人民币的兴起为人民币国际化的推进提供了新的思路，未来人民币在国际货币体系演变中的角色和表现或将呈现出一些新特征。

从短期来看，数字人民币难以对人民币国际化产生实质性影响。人民币国际化的推进以及网络正外部性的形成仍然取决于国家经济实力，产业链所处地位以及金融市场的深度、广度和开放度。然而，面对全球激烈的数字货币竞争，应当以长远的眼光认真研究数字人民币在提高跨境支付安全与效率、提升货币实力和国际地位方面的可能作用与实现路径。

第一，未来可将数字人民币跨境结算试点与跨境人民币支付清算系统建设相结合。例如，2017年，中国人民银行宣布为俄罗斯卢布和中国人民币金融业务建立支付对支付（PVP）支付系统。中国外汇交易系统（CFETS）在其官网上发布声明指出，除俄罗斯卢布外，CFETS还计划在中国的"一带一路"倡议基础上为人民币与其他外币业务启动类似PVP系统[①]。若该系统在"一带一路"沿线国家联网形成规模，并且"一带一路"沿线国家的清算网络逐步搭建，那么很有可能逐步降低对美元的依赖，形成对人民币的网络正外部性。未来，应当在加快建设跨境人民币支付清算系统（CIPS），推动CIPS系统与欧盟INSTEX支付系统、俄罗斯SPFS支付系统等合作交流的同时，尝试探索数字人民币跨境使用的路径和可能场景。

第二，未来将对外开放的战略布局与数字人民币相结合，"一带一路"与RCEP区域有望为数字人民币的跨境流通提供广阔平台。一方面，中国近年来陆续在老挝、新加坡、柬埔寨、阿联酋、泰国、哈萨克斯坦等9个国家和地区设立人民币清算行。2019年10月，马来西亚首家数字银行中国建设银行纳闽分行开业，有利于完善人民币清算服务网络，探索数字银行发展新模式。另一方面，中国与"一带一路"沿线国家之间的人民币

---

① 资料来源：中国"一带一路"网，《中俄启用新货币支付系统 俄媒：为建立新储备货币区》，https://www.yidaiyilu.gov.cn/xwzx/gnxw/31514.htm。

现钞转运逐渐减少，支付清算呈现数字化、网络化特征。例如，2017年，中国首次实现人民币与越南盾现钞点对点跨境双向调运，实现人民币与越南的货币互换，推进人民币国际化进程[1]。数字人民币若能在境外使用和推广，有助于减少国家间的现钞转运，促进支付清算呈现网络化、数字化。

第三，未来应积极参与国际数字货币合作，将数字人民币与多边央行数字货币桥试验有机结合。目前，多边央行数字货币桥研究项目已经率先开始利用数字货币桥平台交易的试点工作，20家商业银行利用多种央行数字货币促成了逾160笔支付、外汇交易、同步交收等交易，总价值达到2200万美元[2]。中国央行应积极参与多边央行数字货币桥（m-CBDC Bridge）的合作试验，后者最终可能产生一个独立于现有SWIFT系统之外的基于数字货币的国际支付清算体系。

六、结论

本章关注在俄乌冲突之后国际货币体系新的变革趋势。主要结论为：

第一，当前国际货币体系具有以美元为主导、信用本位、中

---

[1] 资料来源：中国"一带一路"网，《中国首次实现人民币与越南盾现钞点对点跨境双向调运》，https://www.yidaiyilu.gov.cn/xwzx/gnxw/30502.htm。

[2] 资料来源：BIS, *Project mBridge: Connecting economies through CBDC*, October 2022。

心—外围结构等特征，主要缺陷表现为：广义特里芬难题与国际收支失衡；美国货币政策负外溢性与全球金融风险；公共产品供给不足与国际金融治理低效；美元武器化威胁外围国家金融安全。俄乌冲突以来美欧等国家对俄罗斯采取严厉的金融制裁手段，尤其是冻结外汇储备与切断 SWIFT 系统的做法，从根基上动摇了外围国家对当前国际货币体系的信心，关于国际货币体系改革的呼声更加高涨。

第二，数字货币为国际货币体系变革提供了新的数字化路径。数字货币的使用在一定程度上可以克服美元的制度惯性与网络正外部性，有望成为国际货币体系变革的助推器。然而，数字货币难以带来国际货币体系的颠覆式改变，而是以渐进的方式推动国际货币体系由单极化的美元本位制向多极化主权货币方向演进。央行数字货币与稳定币更有希望在未来的国际货币体系中扮演一定角色，以比特币为代表的加密货币能够发挥的作用有限。

第三，从理想路径来看，超主权数字货币体系的实现存在私人数字货币主导、央行数字货币主导、e-SDR 以及数字货币区等不同方案。从现实路径来看，数字货币会强化还是会削弱当前国际货币体系，取决于数字货币与主权货币的结合形式和程度。

第四，数字人民币的兴起为人民币国际化提供了新思路。尽管从短期来看，数字人民币难以对人民币国际化产生实质性影响，但应当以长远的眼光认真研究数字人民币在人民币国际化中的可能作用与实现路径。数字货币有望在提高跨境支付安全与效率、提升货币实力和国际地位方面发挥积极作用。

参考文献

埃斯瓦尔·S.普拉萨德:《美元陷阱》,中国科学技术出版社 2022 年。

弗里德里希·冯·哈耶克:《货币的非国家化》,海南出版社 2019 年。

郭峰、王靖一、王芳、孔涛、张勋、程志云:《测度中国数字普惠金融发展:指数编制与空间特征》,《经济学(季刊)》2020 年第 4 期。

郭品、沈悦:《互联网金融对商业银行风险承担的影响:理论解读与实证检验》,《财贸经济》2015a 年第 10 期。

郭品、沈悦:《互联网金融加重了商业银行的风险承担吗?——来自中国银行业的经验证据》,《南开经济研究》2015b 年第 4 期。

胡金焱、李建文、张博:《P2P 网络借贷是否实现了普惠金融目标》,《世界经济》2018 年第 11 期。

黄益平:《数字人民币的机会与局限》,《清华金融评论》2021 年第 3 期。

黄益平:《关于央行数字货币与加密货币的一些猜想与思考》,中国金融四十人论坛 2023 年 1 月 28 日。

黄益平、黄卓：《中国的数字金融发展：现在与未来》，《经济学（季刊）》2018年第4期。

黄益平、陶坤玉：《中国的数字金融革命：发展、影响与监管启示》，《国际经济评论》2019年第6期。

黄益平、王敏、傅秋子、张皓星：《以市场化、产业化和数字化策略重构中国的农村金融》，《国际经济评论》2018年第3期。

贾康：《财政与货币政策协调配合70年》，《新理财（政府理财）》2019年第12期。

金洪飞、李弘基、刘音露：《金融科技、银行风险与市场挤出效应》，《财经研究》2020年第5期。

荆中博：《数字货币Libra的机制、影响与落地障碍探析》，《贵州社会科学》2019年第11期。

李焰、高弋君、李珍妮、才子豪、王冰婷、杨宇轩：《借款人描述性信息对投资人决策的影响——基于P2P网络借贷平台的分析》，《经济研究》2014年第S1期。

李愿、周小川：《数字货币的三大误解》，《记者观察》2021年第19期。

李悦雷、郭阳、张维：《中国P2P小额贷款市场借贷成功率影响因素分析》，《金融研究》2013年第7期。

廖理、吉霖、张伟强：《借贷市场能准确识别学历的价值吗？——来自P2P平台的经验证据》，《金融研究》2015年第3期。

廖理、李梦然、王正位：《聪明的投资者：非完全市场化利率与风险识别——来自P2P网络借贷的证据》，《经济研究》2014

年第 7 期。

刘东民、宋爽：《数字货币、跨境支付与国际货币体系变革》，《金融论坛》2020 年第 11 期。

刘新华、郝杰：《货币的债务内涵与国家属性——兼论私人数字货币的本质》，《经济社会体制比较》2019 年第 3 期。

刘颖：《数字人民币可视卡式"硬钱包"来了》，人民网 2021 年 6 月 11 日。

孟刚：《法定数字货币与人民币国际化》，《中国金融》2019 年第 24 期。

孟娜娜、粟勤、雷海波：《金融科技如何影响银行业竞争》，《财贸经济》2020 年第 3 期。

米什金：《货币金融学》，中国人民大学出版社 2011 年。

穆长春：《数字人民币和非银行支付机构不会是竞争和取代关系》，《中国证券报》2021a 年 6 月 11 日。

穆长春：《数字人民币钱包有多种类型，相互之间可进行组合》，新浪财经 2021b 年 6 月 11 日。

邱晗、黄益平、纪洋：《金融科技对传统银行行为的影响——基于互联网理财的视角》，《金融研究》2018 年第 1 期。

沈悦、郭品：《互联网金融、技术溢出与商业银行全要素生产率》，《金融研究》2015 年第 3 期。

盛松成、翟春：《货币非国家化理念与比特币的乌托邦》，《中国金融》2014 年第 7 期。

王会娟、廖理：《中国 P2P 网络借贷平台信用认证机制研究——来自"人人贷"的经验证据》,《中国工业经济》2014年第4期。

韦森:《从货币的起源看货币的本质:历史与现实》,《政治经济学评论》2016年第5期。

西美尔:《货币哲学》,华夏出版社2018年。

向虹宇、王正位、江静琳,廖理:《网贷平台的利率究竟代表了什么?》,《经济研究》2019年第5期。

肖耿:《从美元到e-SDR(超主权数字储备货币)》,第一财经2018年5月1日。

肖远企:《货币的本质与未来》,《金融监管研究》2020年第1期。

谢平、邹传伟:《互联网金融模式研究》,《金融研究》2012年第12期。

徐忠、汤莹玮、林雪:《央行数字货币理论探讨》,《中国金融》2016年第17期。

杨东:《监管科技:金融科技的监管挑战与维度建构》,《中国社会科学》2018年第5期。

杨继:《基于数字经济的法定数字货币产生逻辑、功能演进与发展趋势研究》,《社会科学辑刊》2022年第2期。

杨晓晨、张明:《比特币:运行原理、典型特征与前景展望》,《金融评论》2014年第1期。

杨晓晨、张明:《Libra:概念原理、潜在影响及其与中国版数字货币的比较》,《金融评论》2019年第4期。

杨晓晨、张明：《央行数字货币：结构分析与能力展望》，FT中文网 2020 年 4 月 28 日。

姚前：《中央银行数字货币原型系统实验研究》，《软件学报》2018 年第 29 期。

姚前：《法定数字货币的经济效应分析：理论与实证》，《国际金融研究》2019 年第 1 期。

姚前：《区块链与央行数字货币》，《清华金融评论》2020 年第 3 期。

姚前、汤莹玮：《关于央行法定数字货币的若干思考》，《金融研究》2017 年第 7 期。

姚勇：《易懂的比特币工作机理详解》，2013 年。

张秉文：《虚拟货币在我国不具备货币属性》，植信投资研究院研究报告 2021 年 5 月 20 日。

张明：《国际货币体系改革：背景、原因、措施及中国的参与》，《国际经济评论》2010 年第 1 期。

张明：《新冠肺炎疫情会显著削弱美元的国际地位吗？——基于美国次贷危机后特征事实的分析》，《国际经济评论》2021 年第 1 期。

张明：《全球新变局背景下人民币国际化的策略扩展——从"新三位一体"到"新新三位一体"》，《金融论坛》2022 年第 11 期。

张明、李曦晨：《人民币国际化的策略转变：从旧"三位一体"到"新三位一体"》，《国际经济评论》2019 年第 5 期。

张明、覃东海：《国际货币体系演进的资源流动分析》，《世界经济与政治》2005年第12期。

张一平、马瑞超：《新共识、新机遇——央行数字货币追踪之二》，2022a年2月5日。

张一平、马瑞超：《数字人民币新场景落地，该把握哪些赛道机遇——央行数字货币追踪之一》，2022b年1月11日。

中国人民银行数字人民币研发工作组：《中国数字人民币的研发进展白皮书》，2021年7月16日。

周小川：《关于改革国际货币体系的思考》，中国人民银行网站2009年3月23日。

周仲飞、李敬伟：《金融科技背景下金融监管范式的转变》，《法学研究》2018年第5期。

Abraham, L., and D. Guegan, 2019. "The Other Side of the Coin: Risks of the Libra Blockchain." *arXiv preprint.* No.1910.07775.

Adrian, T., and T. Mancini-Griffoli, 2021. "TheRise of Digital Money." *Annual Review of Financial Economics.* 13: 57-77.

Agrawal, A., C. Catalini, and A. Goldfarb, 2011. "The Geography of Crowdfunding." *National Bureau of Economic Research (NBER) Working Paper.* No. w16820.

Agrawal, A., C. Catalini, and A. Goldfarb, 2014. "Some Simple Economics of Crowdfunding." *Innovation Policy and the Economy.* 14(1): 63-97.

Ahlers, G., D. Cumming, and C. Gunther, 2015. "Signaling in Equity Crowdfunding." *Entrepreneurship Theory and Practice.* 39(4):

955-980.

Andolfatto David., 2021. "Assessing the Impact of Central Bank Digital Currency on Private Banks." *The Economic Journal.*131(634).

Armelius, H., P. Boel, C. A. Claussen, and Nessén, M., 2018. "TheE-krona and the Macroeconomy." *Sveriges Riksbank Economic Review.* (3): 43-65.

Arner, D. W., J. N. Barberis, and R. P. Buckley, 2015. "The Evolution of Fintech: A New Post-Crisis Paradigm?" *Geo. J. Int'l L.* 47: 1271.

Arslanalp, M. S., Eichengreen, M. B. J., and Simpson-Bell, C., 2022. "The Stealth Erosion of Dollar Dominance: Active Diversifiers and the Rise of Nontraditional Reserve Currencies." *International Monetary Fund.*

Athey, S., I. Parashkevov, V. Sarukkai, and J. Xia, 2016. "Bitcoin Pricing, Adoption, and Usage: Theory and Evidence." *SSRN. Working Paper.*

Balcilar, M., E. Bouri, and R. Gupta, 2017. "CanVolume Predict Bitcoin Returns and Volatility? a quantiles-based approach." *Economic Modelling.* 64: 74-81.

Bank of England, 2020. "Central Bank Digital Currency: Opportunities, Challenges and Design." 12 March.

Barrdear, J., and M. Kumhof, 2016. "The Macroeconomics of Central Bank Issued Digital Currencies." *Bank of England Staff Work-*

ing Paper. No. 605.

Bech, M. L., and R. Garratt, 2017. "Central Bank Cryptocurrencies." *Bis Quarterly Review.* September, 57-68.

Belleflamme, P., T. Lambert, and A. Schwienbacher, 2014. "Crowdfunding: Tapping the Right Crowd." *Journal of Business Venturing.* 29(5): 585-609.

Beniak P., 2019. "Central Bank Digital Currency and Monetary Policy: A Literature review." *MPRA Paper*.

Berger, S., and F. Gleisner, 2009. "Emergence of Financial Intermediaries in Electronic Markets: The Case of Online P2P Lending." *Business Research*. 2(1): 39-65.

Bettinger, A., 1972. "FINTECH: A Series of 40 Time Shared Models Used at Manufacturers Hanover Trust Company." *Interfaces*. 2(4): 62-63

BIS, 2021. "Ready, Steady, Go? -Results of the Third BIS Survey on Central Bank Digital Currency." 27 January.

Bjerg, O., 2017. "Designing New Money-the Policy Trilemma of Central Bank Digital Currency." *Copenhagen Business School* (*CBS*) *Working Paper*.

Böhme, R., N. Christin, B. Edelman, and T. Moore, 2015. "Bitcoin: Economics, Technology, and Governance." *The Journal of Economic Perspectives*. 29(2): 213-238.

Bonneau, J., A. Miller, and J. Clark, 2015. "Research Perspectives and Challenges for Bitcoin and Cryptocurrencies." *IEEE Symposium on Security and Privacy.* 104-121.

Bordo, M. D., and A. T. Levin, 2017. "CentralBank Digital Currency and the Future of Monetary Policy." *National Bureau of Economic Research.* No. w23711.

Bouri, E., P. Molnár, G. Azzi, D. Roubaud, and L. I. Hagfors, 2017. "On the Hedge and Safe Haven Properties of Bitcoin: Is it Really More than a Diversifier?" *Finance Research Letters.* 20: 192-198.

Brunnermeier, M. K., H. James, and J. P. Landau, 2019. "The Digitalization of Money." *National Bureau of Economic Research (NBER) Working Paper.* No. w26300.

Calibra., 2019. "Libra White Paper." https://libra.org/zh-CN/white-paper/.

Carney, M., 2019. "The Growing Challenges for Monetary Policy in the Current International Monetary and Financial System." *Jackson Hole Monetary Policy Conference.* 23 August.

Cheah, E-T.and J. Fry. 2015. "Speculative Bubbles in Bitcoin Markets? An Empirical Investigation into the Fundamental Value of Bitcoin." *Economics Letters.* 130: 32-36.

Chiu, J., S. M. Davoodalhosseini, J. Jiang and Y. Zhu, 2023. "BankMarket Power and Central Bank Digital Currency: Theory and quantitative assessment." *Journal of Political Economy.* 131(5).

Ciaian, P., M. Rajcaniova, and D. A. Kancs, 2016. "The Economics of Bitcoin Price Formation." *Applied Economics*. 48(19): 1799-1815.

Committee on Payments and Market Infrastructures (CPMI), and Markets Committee (MC), 2018. "Central Bank Digital Currencies." 12 March.

Corbet, S., B. Lucey, and L. Yarovaya, 2018. "Datestamping the Bitcoin and Ethereum bubbles." *Finance Research Letters*.26: 81-88.

Chaum, D., 1982. "Blind Signatures for Untraceable Payments." *Advances in Cryptology Proceedings of Crypto*. 3: 199-203.

Davoodalhosseini, S. M., 2021. "Central Bank Digital Currency and Monetary Policy." *Journal of Economic Dynamics and Control*. 4: 104150.

Dooley, M. P., D. Folkerts-Landau and P. Garber, 2003. "An Essay on the Revived Bretton Woods System." *National Bureau of Economic Research (NBER) Working Paper*. No.9971.

Duarte, J., S. Siegel, and L. Young, 2012. "Trust andCredit: The Role of Appearance in Peer-to-Peer Lending." *Review of Financial Studies*. 25(8): 2455-2484.

Dwyer, G. P., 2015. "The Economics of Bitcoin and Similar Private Digital Currencies." *Journal of Financial Stability*. 17: 81-91.

Dyhrberg, A. H., 2016. "Bitcoin, Gold and the Dollar-a GARCH Volatility Analysis." *Finance Research Letters*. 16: 85-92.

Easley, D., M. O'Hara, and S. Basu, 2019. "From Mining to Markets: the Evolution of Bitcoin Transaction Fees." *Journal of Financial Economics*. 134(1): 91-109.

Eichengreen, B., L. Chitu, and A. Mehl, 2016. "Stability or Upheaval? The Currency Composition of International Reserves in the Long Run." *IMF Economic Review*. 64: 354-380.

Eichengreen, B., 2011. *Exorbitant Privilege. The Rise and Fall of the Dollar and the Future of the International Monetary System*. Oxford: Oxford University Press.

Engert, W., and B. Fung, 2017. "Central Bank Digital Currency: Motivations and Implications." *Bank of Canada Staff Discussion Paper*.

Foley, S., J. R. Karlsen, and T. J. Putniņš, 2019. "Sex, Drugs, and Bitcoin: How Much Illegal Activity is Financed through Cryptocurrencies." *The Review of Financial Studies*. 32(5): 1798-1853.

Fung, B., and H. Halaburda, 2016. "Central Bank Digital Currencies: A Framework for Assessing Why and How." *Bank of Canada Staff Discussion Paper*.

Garcia, D., C. J. Tessone, P. Mavrodiev, and N. Perony, 2014. "The Digital Traces of Bubbles: Feedback Cycles between Socio-economic Signals in the Bitcoin Economy." *Journal of the Royal Society Interface*. 11: 2014623.

Glaser, F., M. Haferhorn, M. C. Weber, and M. Siering, 2014. "Bitcoin-Asset or Currency? Revealing Users' Hidden Intentions."

Proceedings of the 22nd European Conference on Information Systems. Tel Aviv, June.

Gomber, P., J. A. Koch, and M. Siering, 2017. "Digital Finance and Fintech: Current Research and Future Research Directions." *Journal of Business Economics*. 87(5): 537-580.

Grinberg, R., 2012. "Bitcoin: An Innovative Alternative Digital Currency." *Hastings Sci. and Tech. LJ*, 4: 159.

Hinzen, F. J., K. John, F. Saleh, 2021. "Bitcoin's Limited Adoption Problem." *Journal of Financial Economics*. 144(2): 347-369

John, K., M. O'Hara, and F. Saleh, 2022. "Bitcoin and Beyond." *Annual Review of Financial Economics*. 14: 95-115.

Kaminsky, G. and M.C. Reinhart, 2001. "The Center and the Periphery: The Globalization of Financial Turmoil." *National Bureau of Economic Research* (*NBER*) *Working Paper*. No. 9479. November.

Kristoufek, L., 2013. "Bitcoin Meets Google Trends and Wikipedia: Quantifying the Relationship between Phenomena of the Internet Era." *Scientific Reports*. 3(3415): 1-7.

Kumhof, M., Pinchetti, M., Rungcharoenkitkul, P., and Sokol, A. (2023). "CBDC Policies in Open Economies." *Available at SSRN 4388834*. https://papers.ssrn.com/sol3/papers.cfm?abstract_id=4388834.

Lin, M., N. R. Prabhala, and S. Viswanathan, 2013. "Judging Borrowers by the Company They Keep: Friendship Networks and Information Asymmetry in Online Peer-to-peer Lending." *Management Science*. 59(1): 17-35.

Magnuson, W. J., 2018. "Regulating Fintech." *Vanderbilt Law. Review*. 71: 1167.

Malloy, M., F. Martinez, M. F. Styczynski and A. Thorp, 2022. "Retail CBDC and U.S. Monetary Policy Implementation: A Stylized Balance Sheet Analysis." *Finance and Economics Discussion Series, Board of Governors of the Federal Reserve System (U.S.)*. No. 2022-032.

Meaning, J., B. Dyson, J. Barker and E. Clayton, 2018. "Broadening Narrow Money: Monetary Policy with a Central Bank Digital Currency." *Bank of England Staff Working Paper*.

Meiklejohn, S., M. Pomarole, and G. Jordan, 2013. "A Fistful of Bitcoins: Characterizing Payments among Men with No Names." *Proceedings of the 2013 ACM Internet Measurement Conference* (*IMC*). 127-40.

Mensi, W., S. Hammoudeh, S. M. Yoon, 2014. "Structural Breaks and Long Memory in Modeling and Forecasting Volatility of Foreign Exchange Markets of Oil Exporters: The Importance of Scheduled and Unscheduled News Announcements." *International Review of Economics and Finance*. 30: 101-119.

Minesso, M. F., A. Mehl, and L. Stracca, 2022. "Central Bank Digital Currency in An Open Economy." *Journal of Monetary Eco-

nomics. 127: 54-68.

Mollick, E., 2014. "The Dynamics of Crowdfunding: An Exploratory Study." *Journal of Business Venturing*. 29(1): 1-16.

Nakamoto, S., 2008. "Bitcoin: A Peer-to-Peer Electronic Cash System." bitcoin.org/bitcoin.pdf.

Philippon, T., 2016. "The FinTech Opportunity." *National Bureau National Bureau of Economic Research (NBER) Working Paper*. No. w22476.

Pope, D., and J. Sydnor, 2011. "What's in a Picture? Evidence of Discrimination from Prosper.com." *Journal of Human Resources*. 46(1): 53-92.

Raskin, M., and D. Yermack, 2016. "Digital Currencies, Decentralized Ledgers, and the Future of Central Banking." *National Bureau of Economic Research (NBER) Working Paper*. No. w22238.

Rey H., 2015. "Dilemma not Trilemma: the Global Financial Cycle and Monetary Policy Independence." *National Bureau of Economic Research (NBER) Working Paper*. No.21162.

Saleh, F., 2021. "Blockchain withoutWaste: Proof-of-Stake." *The Review of financial studies*. 34(3): 1156-1190.

Sasson, E. B., A. Chiesa, and C. Garman, 2014. "Zerocash: Decentralized Anonymous Payments from Bitcoin." *Proceedings of the 2014 IEEE Symposium on Security and Privacy*. 459-474.

Schueffel, P., 2016. "Taming the Beast: A Scientific Definition of

Fintech." *Journal of Innovation Management.* 4(4): 32-54.

Shiller, R., 2004. *The New Financial Order: Risk in the 21st Century.* Princeton University Press.

Strausz, R., 2017. "A Theory of Crowdfunding: A Mechanism Design Approach with Demand Uncertainty and Moral Hazard." *American Economic Review.* 107(6): 1430-76.

Sverige's Riksbank. 2018. "The Riksbank's e-Krona Project Report 2." 10 January.

Treleaven, P., 2015. "Financial Regulation of Fintech." *The Journal of Financial Perspectives.* 3(3): 1-14.

Urquhart, A., 2016. "The Inefficiency of Bitcoin." *Economics Letters.* 148: 80-82.

Yellen, J. L., 2022. "Remarks from Secretary of the Treasury Janet L. Yellen on Digital Assets." *American University's Kogod School of Business Center for Innovation.* 7 April.

Yermack, D., 2013. "Is Bitcoin a Real Currency? An Economic Appraisal." *National Bureau of Economic Research (NBER) Working Paper.* No. 19747.

Zetzsche, D., R. P. Buckley, and J. N. Barberis, 2017a. "Regulating a Revolution: from Regulatory Sandboxes to Smart Regulation." *Fordham Journal of Corporate and Financial Law.* 23(1): 31.

Zetzsche, D., R. P. Buckley, and D. W. Arner, J. N. Barberis, 2017b. "From Fintech to Techfin: the Regulatory Challenges of Data-driven Finance." *New York University Journal of Law and Business*. 14: 393.

Zhang, J., and P. Liu, 2012. "Rational Herding in Microloan Markets." *Management Science*. 58(5): 892-912.

Zoltan Pozsar, 2023. "War and Peace, Credit Suisse Economics." 11 January. https://aheadoftheherd.com/war-and-peace/.